T0294545

ERNESTO RODRÍGUEZ

SU NOMBRE ES LUKA

UNA BIOGRAFÍA NOVELADA DE LUKA DONČIĆ

CONTRA

Dirección editorial: Didac Aparicio y Eduard Sancho

Diseño: Ernesto Rodríguez y Emma Camacho
Maquetación: Endoradisseny

Primera edición: Noviembre de 2020
© 2020, Contraediciones, S.L.
c/ Elisenda de Pinós, 22
08034 Barcelona
contra@contraediciones.com
www.editorialcontra.com

© 2020, Ernesto Rodríguez, del texto y las ilustraciones

ISBN: 978-84-18282-39-3
Depósito Legal: B 20224-2020
Impreso en España por Kadmos

Queda prohibida, salvo excepción prevista en la ley, cualquier forma de reproducción, distribución, comunicación pública y transformación de esta obra sin contar con la autorización de los titulares de la propiedad intelectual. La infracción de los derechos mencionados puede ser constitutiva de delito contra la propiedad intelectual.

ÍNDICE

PRIMERA PARTE: OLIMPIA

DIECISÉIS MINUTOS

En dieciséis minutos se pueden hacer muchas cosas. Puedes comerte un helado, incluso dos, si no temes que luego te duela un poco la tripa. Puedes escuchar varias veces tu canción favorita. Puedes bajar a comprar el pan y volver a casa sin poder evitar comer un trozo por el camino. Puedes silbar y bailar un rato. Puedes ver la tele y dejar que esos dieciséis minutos pasen sin dejar rastro en tu memoria.

Dieciséis minutos. El tiempo que se tarda en hacer un huevo duro. Ese fue el tiempo que necesitó el señor Brezovec, entrenador del equipo benjamín de baloncesto del Olimpia de la ciudad de Liubliana, capital de Eslovenia, para darse cuenta de que Luka era un chico especial.

Estaba de pie junto al banquillo, en una de las bandas de la cancha de baloncesto. Brezovec había observado con

atención los primeros compases de aquel primer entrenamiento de la temporada y a los dieciséis minutos ya había
visto suficiente. Así que cogió el silbato y detuvo el entrenamiento con un sonoro pitido.

—Vale, paramos un momento. Luka, ven aquí.

Luka se acercó a su nuevo entrenador. Grega Brezovec
tenía un enorme bigote castaño bajo una nariz más bien
achatada y la voz grave. Miraba a Luka con el ceño frun-
cido. Tenía cara de no entender un difícil problema mate-
mático.

—Luka, ¿de verdad tienes ocho años?
—Sí.
—De verdad, ¿de la buena?
—Sí, señor Brezovec.

Brezovec no daba crédito. Acababa de ver cómo ese
chico de sonrisa tranquila hipnotizaba al resto de sus compañeros con su juego. Luka botaba la pelota entre el resto
de niños como un experto patinador se desliza por el hielo. Encontraba huecos entre una selva de piernas y manos
para poner la pelota naranja siempre donde quería. Leía
perfectamente los momentos del juego, sabía qué hacer en
cada instante, cómo mover su cuerpo.

Luka tenía ocho años y ya se sabía todos los trucos.

Brezovec se preguntó: «¿cuál es el límite de este chico?». Esa idea le llevó a la siguiente: «quiero ver hasta dónde puede llegar. Quiero formar parte de eso».

Grega le pidió al entrenador ayudante que se encargara del resto de chicos, que miraban a Luka maravillados.

—Ven conmigo.

—¿A dónde vamos, señor Brezovec?

—A la sala de entrenadores.

Salieron de la cancha y se adentraron en los pasillos del pabellón del Olimpia. Luka miraba a un lado y a otro, mientras caminaba tras el señor Brezovec por las instalaciones del club. Después de atravesar pasillos y salones, llegaron a una puerta decorada con el escudo del club: un dragón lanzando fuego.

Luka sintió que estaba entrando en el cerebro de aquel dragón. Brezovec abrió la puerta y entraron en una enorme sala que tenía las paredes blancas y pizarras llenas de anotaciones y esquemas. Allí era donde los entrenadores de las diferentes categorías del club preparaban sus tácticas.

Sentado en una mesa, un señor calvo leía unos apuntes en un cuaderno. Era Jernej Smolnikar, el entrenador del equipo infantil. Grega Brezovec se detuvo delante de él junto a Luka. Smolnikar levantó la mirada.

—Grega, ¿qué ocurre?

—Jernej, te presento a Luka. Este chico va a entrenar contigo a partir de ahora.

—¡¿Qué?! —preguntaron Smolnikar y Luka al mismo tiempo.

Brezovec se llevó a Smolnikar aparte, y en voz baja, para que Luka no pudiera oírle, le dijo:

—Hoy es el primer día de Luka en el club. Ha venido con su padre, Saša Dončić, que desde hace poco está jugando en el primer equipo. Le he visto jugando con los demás chicos de su edad y pierde el tiempo conmigo. No tengo nada que enseñarle.

—Pero Grega, yo entreno a chicos de doce y trece años y, ¿cuántos años tiene este crío? —le preguntó Jernej Smolnikar a Grega Brezovec.

—Ocho.

—¿Ocho? ¡Jajaja!

El señor Smolnikar se carcajeó mientras agitaba la mano como quien aparta moscas.

—Es una locura, mi querido Brezovec.
—Ya lo sé. Es lo que he pensado yo también. Puede que haya sido un sueño, pero quiero que lo compruebes tú. De hecho, si lo que yo creo es cierto, tú tampoco tendrás mucho que enseñarle.

El señor Smolnikar miró a Luka con atención. Se acercó hasta él y le dijo:

—Parece que eres excepcional, ¿verdad, muchacho?

Luka, tímido, no pudo evitar que su rostro se pusiera rojo como un tomate.

—¿Estás preparado para subir de categoría?

Luka no tardó dieciséis minutos, ni dieciséis segundos, ni uno, en responder.

—¡Claro!

Y sonrió con su sonrisa grande, esa que tanto Smolnikar como Brezovec volverían a ver tantas veces en el futuro.

EL DRAGÓN DEL ESCUDO

El coche de Saša Dončić se detuvo delante del jardín de su nueva casa. Estaba en una urbanización repleta de zonas verdes, desde la que se podía ver, a lo lejos, el castillo de Liubliana. Luka salió disparado hacia la puerta, donde le esperaba Mirjam, su madre. Luka se lanzó a sus brazos.

—Cariño, ¿qué tal ha ido el primer día de entrenamiento? —le preguntó después de darle un beso en la cabeza.

Luka alzó el rostro hacia ella y, con su gran sonrisa, le dijo:

—¡Muy bien, mamá! Ahora juego con los infantiles.
—¿Qué? —dijo Mirjam sin entender nada.

En ese momento, llegó Saša a su altura. Mirjam le saludó con una pregunta:

—¿Por qué Luka dice que juega con los infantiles? Si él es benjamín.

Saša le dio un beso a Mirjam en la mejilla. Ese beso llevaba una explicación consigo.

—Brezovec ha decidido subir a Luka al grupo de chicos de doce y trece años.
—Eso es infantiles —dijo Luka sonriendo y asintiendo con la cabeza.

Mirjam contempló la mirada feliz de su hijo y dibujó una sonrisa parecida en su rostro. Estaba orgullosa, pero a la vez le preocupaba que su hijo de ocho años lo pasara mal entre chicos tan mayores.

Mirjam abrazó a su hijo y a su marido. El abrazo de la familia Dončić en aquel instante parecía una postal navideña.

Entraron en la casa y Mirjam le dijo a su hijo:

—Luka, ve a lavarte las manos, que vamos a cenar.
—¿Qué hay para cenar?

—Brócoli.

—¡Mamá! ¡Me vas a fastidiar un día genial!

—El brócoli es sano, hijo. Va a hacer que tu día sea perfecto.

Luka, resignado, se fue hasta el cuarto de baño.

Una vez solos, Mirjam le preguntó a Saša.

—¿Estás seguro de que es buena idea?

—Sí. Luka ha nacido para esto. Tú ya lo has visto.

—Eso es lo que me da miedo, Saša —dijo Mirjam.

—¿El qué?

—Que yo quiero que Luka pueda ser un niño normal.

—Mirjam, tu hijo es el niño más normal del mundo —sonrió Saša—. Lo único que pasa es que tiene talento.

Mirjam sabía que lo que decía Saša era cierto. Había visto a su hijo jugar a baloncesto con niños de su edad y sabía que era muy bueno. Pero también sabía que el talento es como una piedra preciosa. Si Luka era una joya, mucha gente lo querría tener. Y tarde o temprano, alguien se lo llevaría y lo alejaría de ella.

—¿Pero ya ha jugado con los mayores? —le preguntó Mirjam a Saša.

—Sí. Brezovec lo sacó de su grupo enseguida. ¿Te lo puedes creer?

—Sí, puedo, pero no sé si quiero —dijo ella—. ¿Y cómo le ha ido con los mayores?

Saša miró a su mujer. Sus ojos verdes irradiaban emoción y orgullo ante estas noticias, pero sus cejas dibujaban una ese de sospecha. Saša pensó entonces en los ojos del señor Smolnikar cuando fue a recoger a Luka tras el entrenamiento.

Ambos se cruzaron mientras Saša esperaba, junto al resto de padres, a que los chicos salieran del vestuario tras el primer día de entrenamiento.

—Señor Dončić… —le dijo el señor Smolnikar.
—¿Sí?
—Soy Jernej Smolnikar, el entrenador del equipo infantil.
—Ah, encantado.

Ambos se estrecharon la mano.

—Estoy esperando a mi hijo —dijo Saša.
—Sí, Luka.
—¿Lo conoce? Va al grupo de Brezovec.
—No, ya no.
—¿Cómo?

El señor Smolnikar lo llevó aparte del grupo de padres. Sus ojos, muy abiertos, tenían ese brillo de asombro que un rato después Saša volvería a ver en los ojos de Mirjam.

—Verá, hay un asunto que quería comentarle...

Y así, el señor Smolnikar le explicó a Saša todo lo ocurrido esa mágica tarde en la que no solo impresionó a los niños de su edad sino que también destacó en el equipo de los mayores.

Jugando con chicos de doce y trece años, y desde su altura de un niño de ocho años, Luka se lanzaba al rebote como un pequeño canguro saltando sobre una manada de búfalos.

—¡Y cómo bota! —exclamó Smolnikar.

—Ya lo sé, le he enseñado yo —sonrió Saša, orgulloso.

El entrenador Smolnikar apoyó una mano sobre el hombro de Saša y empezó a reírse.

—Lo siento, no quiero que piense que le falto al respeto, pero nadie es tan buen profesor. Usted tampoco. Nadie es capaz de enseñar a un niño de ocho años a botar la pelota así. Luka no necesita mirar la pelota para saber dónde está en todo momento. Es como… como si fuera una extensión de su cuerpo. Es un don. Su hijo tiene un don.

El señor Smolnikar remató esa sentencia con un silencio inquisitivo. Saša lo miraba en silencio, procesando todo cuanto le estaba diciendo. El señor Smolnikar continuó:

—Señor Dončić, su hijo está llamado a hacer grandes cosas. Su lugar natural no está entre los niños de su edad. Pero esto solo puede ocurrir si usted y su esposa dan el visto bueno. ¿Acceden a que Luka entrene en mi equipo?

Saša, baloncestista profesional, conocía lo malo y lo bueno que le esperaba a su hijo. Si era cierto eso, y si su intuición no se equivocaba (y casi nunca lo hacía), el futuro de Luka estaba íntimamente ligado a aquel deporte que él tanto amaba. No podía cortarle las alas a su hijo. No podía cortarle las alas al dragón.

—Adelante. Entrenará con usted.

Poco a poco, jornada a jornada, los partidos del equipo de Smolnikar se fueron llenando de público. Cada vez se oían más voces de aficionados que hablaban sobre el nuevo talento que había aterrizado en el club. Todo el mundo hablaba de aquel niño de ocho años que competía contra chicos de doce y trece pero que jugaba como un muchacho de dieciséis. Todos los hinchas del primer equipo lo veían en los partidos oficiales del Olimpia, cuando salía a la cancha en los descansos entre cuarto y cuarto para jugar con otros niños de las categorías inferiores.

—Oye, fíjate en aquel niño —se decían los aficionados que llenaban el coqueto pabellón del Olimpia.
—Mira, no te pierdas eso.

Y ahí, entre todos aquellos niños que invadían la cancha, Luka manejaba el balón como el malabarista que ha hecho un millón de veces el mismo ejercicio. Lanzaba a canasta sin fallo, como quien lanza una pelota de tenis a una piscina municipal. Hipnotizaba a todos con su juego imposible, de tan sencillo que parecía.

—¿Quién es ese niño? —decían unos.
—¿De dónde ha salido? —preguntaban otros.
—¿Y cómo se llama?

LAS LUCES DE LA PISTA

Luka se convirtió con el paso de los años en un símbolo del Olimpia de Liubliana, casi tanto como el dragón del escudo. Había quien decía que por las venas de aquel niño no corría sangre, sino fuego. Y es que todas las explicaciones eran insuficientes para responder a la gran pregunta: ¿de dónde había salido tanto talento?

Los compañeros de Luka se acostumbraron a lo extraordinario: que el mejor de aquel equipo que dominaba con puño de hierro las ligas infantiles del país fuera un niño de sonrisa tímida que tenía cuatro años menos que el resto. Y ni siquiera despertaba celos o envidias entre sus compañeros, ya que Luka nunca se daba importancia. Para él, nada de aquello era importante. A Luka no le interesaba ni la categoría en la que jugara ni los halagos. Para él, lo importante era el juego. Nada más.

Precisamente por eso, por su amor al juego, Luka no se tomaba días de descanso. Los días en los que los chicos de Smolnikar no entrenaban, Luka iba a entrenar con chicos aún más mayores. E incluso contra muchachos de dieciséis o diecisiete años, Luka destacaba con holgura.

Uno de los mejores amigos de Luka en el Olimpia era Goran. Goran jugaba de base porque era rápido y no muy alto. Sabía usar esa condición a su favor, colándose entre los jugadores rivales para meterse debajo de la canasta. Su gran problema era que nunca sabía qué hacer cuando llegaba ahí. De modo que Goran lanzaba a canasta de cualquier manera, y pocas veces encestaba, o la sacaba de nuevo fuera de la zona sin mirar, sin saber si habría o no un compañero para recibir ese pase. Luka, que sabía estar siempre en el sitio adecuado, solía convertir los malos pases de Goran en asistencias. Jugar a su lado, pensaba Goran, era como jugar con una red de seguridad. Parecía que Luka siempre encontraba la llave que abría la puerta de la victoria.

En abril del año 2012 en Roma, a muchos kilómetros de su hogar, el equipo de Luka iba a competir en un campeonato internacional de categoría sub 13. El día anterior a su debut, tras finalizar un entrenamiento suave, los chicos se sentaron en el suelo de la cancha y empezaron a estirar los músculos. Goran se sentó junto a Zoran, un chico alto y poco coordinado, pero con buena muñeca. Luka solía estirar junto a sus compañeros, pero a menudo alargaba la sesión de tiro un rato más que el resto y estiraba más tarde.

Aquel día, Luka empezó a lanzar a canasta desde una distancia de cuatro metros, bajo la atenta mirada de sus compañeros, sentados en el suelo estirando. Después del enésimo acierto, se alejó dos metros y repitió la dinámica. Una canasta, y otra, y otra. Varios aciertos consecutivos más tarde, Luka se alejó hasta la línea de triple y empezó a lanzar: canastón desde el lateral, canastón desde la esquina, canastón desde la frontal. Una y otra vez sonaba el beso de la pelota con la red. Los otros jugadores se habían quedado embobados mirando el espectáculo y ya no sabían qué músculo estaban estirando. Goran miró a Zoran y este resopló con asombro. Smolnikar, también encandilado, se volvió hacia Goran cuando el pequeño base gritó:

—¡Desde el centro de la cancha!

Zoran, a su lado, se unió a él:

—¡Desde el centro de la cancha!

El resto de los chicos se unió al cántico:

—¡Desde el centro de la cancha!

Luka se volvió hacia sus compañeros y sonrió. El señor Smolnikar se unió al cántico:

—¡Desde el centro de la cancha!

Luka se volvió hacia sus compañeros con la pelota en sus manos.

—¡Desde el centro de la cancha! —repitieron todos.

Luka se situó en el círculo central y echó un nuevo vistazo a la canasta. Dos pasos hacia atrás. Un bote, dos botes, tres botes. Luka imprimió toda su fuerza, la pelota voló y voló y, de nuevo, aterrizó dentro del aro. Luego llegaron los gritos de éxtasis, pero Luka ni los oyó. En su cabeza seguía sonando aquel beso desde el centro de la cancha.

Mientras tanto, a miles de kilómetros de allí, Alberto cogía un avión rumbo a Roma. Alberto había sido jugador profesional de baloncesto en la liga española, y en ese momento trabajaba como ojeador para las categorías inferiores del Real Madrid. Su trabajo consistía en buscar talento, esa piedra preciosa que todo el mundo desea encontrar. Sentado en su asiento del avión, mientras el enorme pájaro de metal surcaba los cielos del Mediterráneo, Alberto releía el correo que le habían enviado unas semanas atrás:

«Su nombre es Luka y tiene doce años. Domina los partidos contra chicos de quince. Posee una excelente lectura del juego y sabe generarse sus propios tiros. Es bueno reboteando y asistiendo, y tiene un lanzamiento exterior demoledor. Pero nada de todo eso es lo mejor. Lo mejor es verlo jugar, porque es como ver un espectáculo de magia. Cuando este chico tiene la pelota en sus manos, nunca sabes lo que va a pasar, pero sabes que el truco va a salir bien.»

Aquella última frase se quedó grabada en la mente de Alberto, y sonaba una y otra vez en su cabeza todavía un día después, cuando se sentó en su localidad del pabellón para ver el primer partido de Luka en el campeonato internacional de Roma. El vuelo había llegado la tarde anterior, y Alberto había pasado toda la noche estudiando los informes sobre los equipos y los jugadores que iba a ver. Nada logró despertar en él la misma curiosidad que aquel niño que se llamaba Luka y que hacía magia bajo las luces de la pista.

Cuando los chicos del Olimpia salieron a la cancha, Alberto se fijó en los números de los jugadores y localizó el que le interesaba. Luka se colocó a la espalda de Zoran, que iba a disputar el salto inicial.

El árbitro lanzó la pelota al aire, y Zoran la palmeó hacia atrás. La pelota llegó hasta las manos de Luka. Alberto, desde su asiento, sonrió y murmuró para sí.

—Que empiece la magia.

SUEÑOS

Unos días después, cuando Alberto volvió a Madrid, se reunió con sus superiores en el club y les dio una copia del informe sobre Luka.

—Recibí esto hace unas semanas, antes del campeonato de Roma. Es de un ojeador de confianza.

Sus jefes leyeron el texto en silencio. Finalmente, uno de ellos leyó la última frase en voz alta.

—… nunca sabes lo que va a pasar, pero sabes que el truco va a salir bien.

—Eso es —dijo Alberto.

—¿Y exagera? —le preguntaron.

Alberto no pudo reprimir una sonrisa.

—Para nada.

Alberto les explicó con todo lujo de detalles la gran actuación del muchacho en la final. Les comentó sus estadísticas, que erizaban la piel con solo oírlas: Luka había sido el mejor jugador del campeonato y en la final había firmado 54 puntos, 11 rebotes y 10 asistencias. Los jefes de Alberto resoplaron.

—Y eso ni siquiera es lo mejor —añadió Alberto—. Lo mejor es ver cómo lo hace. Es imprevisible, ve el juego antes que cualquiera y es un competidor feroz. E insultantemente joven. Si se trabaja bien, si se pule bien ese talento puro... ¡no me puedo ni imaginar hasta dónde puede llegar!
—¿El nuevo Dirk Nowitzki? —preguntó uno de sus jefes.
—¿El nuevo Drazen Petrovic? —preguntó otro.

Alberto sopesó un breve instante su respuesta. Le acababan de mencionar a dos de los mejores jugadores europeos de la historia. ¿Sería arrogante poner a Luka a su altura? Recordó entonces todo lo que había visto en Roma, y respondió.

—O puede que mejor. Luka es uno de esos jugadores que aparecen cada veinte o treinta años. Puede que sea un jugador único. Eso aún no lo sé. Lo que sí sé es que tenemos que conseguir que juegue con nosotros.

Alberto les dio más detalles de lo que había visto de Luka en el campeonato, sobre todo de su impresionante actuación en la final. Lo que Alberto no les contó, porque no tenía manera de saberlo en aquel momento, fue cómo se había sentido aquel pequeño mago después de su noche de magia. Quien sí lo sabía era Goran, que viajó junto a Luka en el autobús a la salida del estadio.

Goran recordaría durante mucho tiempo aquel viaje en autobús y los colores del cielo en el atardecer de Roma. Luka y Goran llevaban la medalla de oro colgada al cuello, y miraban por la ventanilla las luces violetas del horizonte y el perfil del Coliseo alejándose. Luka, a su lado, comentaba con voz tranquila lo bonito que era aquello.

—¿Cómo lo haces? —preguntó Goran.

—¿El qué?

—Jugar. Moverte por la pista. Yo a veces, cuando estoy ahí dentro, con todas esas manos que me quieren quitar la pelota, me hago un lío. Pero tú lo haces fácil. Como sin pensar.

Luka no apartaba la mirada de la ventanilla del autobús.

—¿En qué piensas cuando juegas, Luka? —preguntó Goran.

Luka se volvió hacia él y arqueó las cejas, como si quisiera preguntar algo. Levantó los hombros y suspiró mientras se giraba hacia la ventanilla. Luego, solo dijo:

—Cuando juego es como cuando estoy soñando.

Goran veía la cara de Luka reflejada en la ventanilla, mirando al cielo. No sabía si había entendido bien su explicación, pero suponía que no habría otra manera de describir algo así.

Los sueños de Luka transcurrían bajo la custodia de los jugadores que aparecían en los pósters de su habitación. Dirk Nowitzki, Kobe Bryant, LeBron James y Allen Iverson, entre muchos otros. Aquellos jugadores (Dirk haciendo un gancho, Kobe machacando, LeBron lanzando de tres y Allen driblando) observaban, en silencio, la imaginación desbordada de los sueños de Luka. Sueños de niño, donde todo es posible.

Una mañana, semanas después del triunfo en el campeonato de Roma, Mirjam despertó a Luka de uno de sus sueños. Le dio un beso en la frente y, en un murmullo, le dijo:

—Cariño, despierta. Vas a llegar tarde a clase.

Luka se desperezó y salió de la cama. Mirjam lo miraba caminar cabizbajo hacia el cuarto de baño y cerrar la puerta tras él, y no paraba de pensar en la llamada telefónica de la noche anterior. La llamada de aquel español llamado Alberto.

Alberto le había dicho que en su club estaban muy interesados en Luka. Que querían que jugara, como invitado, un torneo nacional, para ver cómo se sentía el chico enfundado en la camiseta blanca. Alberto le había dicho que, si aceptaban aquella invitación y Luka finalmente decidía pasar a formar parte del Real Madrid, tendría una excelente formación académica. Además, viviría en un entorno ideal para su crecimiento tanto humano como profesional. Alberto le había prometido el cielo, porque el cielo era el límite de Luka.

Allí donde brillan las estrellas.

Mirjam dispuso los platos del desayuno en la mesa de la cocina, exprimió algunas naranjas y sirvió el zumo en tres vasos que colocó junto a los platos. Tardó en hacer todo esto unos dieciséis minutos. Luka entró en la cocina vestido con su chándal del Olimpia. Era como su segunda piel. A

Mirjam se le hacía raro imaginárselo con otra camiseta. Se sentaron en silencio a desayunar.

Ella pensaba en cómo sacar el tema. En qué momento hablarle de la llamada de la noche anterior. Entonces una llamada telefónica de Saša precipitó los acontecimientos.

—¡Buenos días, campeón! —dijo Saša, cuando Luka descolgó el teléfono.

—¡Buenos días, papá! —respondió Luka.

Mirjam observó la escena con el corazón en un puño. Su hijo respondía con monosílabos a lo que fuera que le estuviera diciendo su padre desde el otro lado de la línea telefónica. Luka se rio, seguramente Saša le habría hecho una broma y, un instante después, su rostro se quedó perplejo. Mirjam, que no le quitaba los ojos de encima a Luka, comprendió entonces que algo no iba bien. Luka miró a su madre con una ceja levantada y preguntó:

—¿Real Madrid?

Mirjam puso cara de sapo. Si hubiera tenido delante al padre de su hijo, lo habría estrangulado. Menudo bocazas. Aunque, por otro lado, ella no sabía si habría encontrado un buen momento para sacar ese tema. Nunca era buen momento para algo así.

—¿Qué pasa con el Real Madrid? —dijo Luka mirando a su madre.

Mirjam suspiró y forzó la mejor de sus sonrisas.

—Quieren que juegues con ellos un torneo, como invitado.

Los ojos de Luka se abrieron como platos y gritó:

—¿Qué? ¡Eso es increíble!

Saša, desde el otro extremo de la línea telefónica, lanzó una carcajada de padre orgulloso y feliz.

—¿Qué te parece? —dijo.

Luka saltó y gritó de alegría. La respuesta estaba clara.

UNA CAMISETA BLANCA

Poco tiempo después, la familia Dončić voló de Eslovenia a España. Aquel viaje de unas pocas horas les llevaba hasta el lugar donde el destino de Luka cambiaría para siempre: Madrid. Allí, en el aeropuerto internacional, se reunieron con Alberto, que se mostró entusiasmado por contar con la magia de Luka para la Minicopa, el torneo más importante del país en su categoría. Llevaba consigo una bolsa de plástico. Era de la tienda oficial del Real Madrid.

—Te he traído un regalo.
—¡Gracias!

Luka abrió la bolsa. Dentro había una camiseta del primer equipo de baloncesto del Real Madrid, con su nombre y su dorsal. Luka contempló la prenda entre sus manos, su futuro resumido en un objeto tan simple como una camiseta blanca.

Luka Dončić tenía el futuro en sus manos. Se enfundó la camiseta encima del jersey. Mirjam dijo:

—Me parece que esta va a ser su nueva segunda piel.

Aunque apenas tuvo tiempo para entrenar con sus compañeros, Luka cuajó un torneo espléndido y llevó al Real Madrid hasta la final. No hablaba el idioma de cuantos le rodeaban, pero dominaba el lenguaje del baloncesto.

En la final, disputada en Vitoria, el Real Madrid se enfrentó a su eterno rival, el F.C. Barcelona. La victoria acabaría siendo para el equipo catalán, aunque de lo que todo el mundo hablaba al final del partido era de aquel desconocido que había anotado 20 puntos y había cerrado su amarga derrota con un triple desde el centro de la cancha. Sus nuevos compañeros lo observaban como lo hacían los niños del Olimpia: A—LU—CI—NA—DOS.

A diferencia de Luka y los otros chicos del equipo infantil, nadie entre los directivos del Real Madrid sintió aquella derrota como amarga. La gran actuación del mago esloveno les llenaba de esperanza. Alberto se reunió con los padres de Luka en cuanto tuvo ocasión y lanzó su oferta como cuando lanzaba tiros de media distancia en sus épocas de jugador: con determinación y confianza.

—Queremos a Luka con nosotros. Vamos a garantizarle el entorno ideal, la mejor educación, la mejor formación posible.

Mirjam y Saša sonrieron, orgullosos y nerviosos a partes iguales.

—Su hijo tiene potencial para tener la mejor carrera posible. La más brillante. No soy capaz de imaginarme cuánto.

—Eso lo dirá de muchos chicos —respondió Mirjam, reticente a creerse todo aquello.

—No, señora, y tampoco pretendo halagarle. Puede usted estar muy orgullosa de su hijo, sobre todo porque es muy buen chico, pero yo no le digo esto para que usted se sienta orgullosa, sino porque es verdad. Luka puede llegar a ser una estrella. Y nuestro club es el mejor lugar para conseguirlo.

Mirjam y Saša se miraron. Saša recordó la cara de Luka un rato antes, después de meter el lanzamiento desde el centro de la cancha en el pitido del final del partido. Era un rostro de pura rabia. Había hecho unos números tremendos durante el campeonato, también en la final, y había metido un canastón del que todo el mundo hablaba en ese momento, pero su hijo sentía rabia. Rabia porque había perdido. Porque Luka era, ante todo, un ganador. Nunca le importaron ni el rival ni las circunstancias. Solo el juego y la victoria final.

Aquel era un nuevo reto: nuevo país, nuevo idioma, nuevos compañeros, nuevos rivales. A Mirjam le inquietaba pensar en su hijo lejos de ella. En no poder ayudarle, en no poder verlo cada día. Llevaba tiempo haciéndose a la idea de que este momento iba a llegar tarde o temprano, desde el mismo día en que el señor Brezovec decidió promocionar a Luka en el primer día de entrenamiento.

Alguien quería llevarse el talento de Luka, y la propuesta era muy buena. Aquel momento temido desde hacía cinco años había llegado.

—Hablaremos con él —dijo Mirjam.
—La decisión la tendrá que tomar él —añadió Saša.

Aquella importante conversación para la familia Dončić tuvo lugar poco después. Mirjam cogió a su hijo de la mano y le explicó la oferta, dónde viviría, los retos que tendría por delante, las costumbres que dejaría atrás. Las caras que dejaría de ver a diario. Aquella conversación entre Luka, Mirjam y Saša transitó por los miedos y las ilusiones, los sueños y los recelos del joven mago del baloncesto.

Pero Luka no dudó. En ningún momento de la conversación dudó. Habló de todos los asuntos a tener en cuenta, y los tuvo en cuenta, pero nada le hizo dudar en lo más mínimo.

Su futuro era una camiseta blanca.

SEGUNDA PARTE: UN APRENDIZ EN LA CORTE

«HOLA» Y «GUITARRA»

La Ciudad Real Madrid es una gigantesca fortaleza de líneas rectas, cemento y cristal. Un hotel bunkerizado o un gigantesco centro de alto rendimiento, según como se mire. Allí viven los mejores talentos del club, la *crème de la crème*. Cuando Luka ingresó en aquel lugar exclusivo, le hubiera gustado poder comunicar sus sentimientos a sus nuevos compañeros, pero en aquellos momentos solo conocía dos palabras en castellano: «hola» y «guitarra».

Con el tiempo se acabaría dando cuenta de que aquellos primeros meses fueron un curso acelerado de madurez. Aprendió a convivir con la soledad, a aceptar sus miedos y superarlos desde el único refugio que conocía: el baloncesto. No tardó mucho en colgar los pósters de sus jugadores favoritos en las paredes de la habitación, para que, de nuevo, fueran ellos los guardianes de sus sueños. Luka puso lavadoras y aprendió más y más palabras. Y tacos, también aprendió tacos, y a veces decía algunos en los partidos. Más de una técnica le pitaron por soltarle palabrotas al árbitro.

—Es que Luka tiene un carácter.... —suspiraba su entrenador en el equipo cadete.

En aquellos primeros meses, Luka hizo muchas más cosas. Fue al cine, probó por primera vez el jamón, descubrió algunos grupos musicales nuevos, aprendió verbos y adjetivos. Aprendió el pretérito imperfecto. Aprendió otras cosas imperfectas. Y habló muchas veces por teléfono con sus padres.

Aprendió también a responsabilizarse de las emociones de los demás: cada vez que hablaba con Mirjam por teléfono ponía en práctica ese aprendizaje.

—¿Cómo estás, cariño? —le preguntaba ella todos los días.

Y él, que no quería engañar a su madre pero tampoco quería preocuparla, sonreía con la voz y le decía que estaba aprendiendo mucho. Y era verdad, pero no era toda la verdad. Luka no le habló de las noches en vela recordándola a ella y a Saša, y de las lágrimas que había derramado, porque eso le haría daño a su madre, y también a él. De modo que prefería hablarle de las palabras que iba aprendiendo, de los lugares que iba conociendo, de los amigos que iba haciendo. Y de baloncesto. Aunque a Mirjam eso le interesaba un poco menos que las rutinas y la salud de su hijo, ella lo escuchaba hablar con deleite del juego. De los partidos ganados y de los perdidos, de los entrenamientos y de los progresos en su técnica.

Cada vez que Mirjam o Saša viajaban a Madrid para ver a su hijo, sus profesores les felicitaban por los enormes progresos en su adaptación. A los pocos meses, el idioma había dejado de ser un problema, y sus nuevos compañeros ya habían caído en el embrujo del juego de aquel chico tímido que hablaba poco pero sonreía mucho. La Ciudad Real Madrid estaba llena de jóvenes talentos, de piedras preciosas que se pulían con esmero y cuidado, pero de entre todas esas joyas, Luka era sin duda la que más brillaba.

Un día, Alberto se acercó a ver un entrenamiento de Luka y habló con José Luis, el entrenador encargado de su formación. Durante esta conversación, Alberto hizo una pregunta que, en aquel momento, todavía era imposible responder:

—¿Será capaz de hacer historia en uno de los equipos con más historia del mundo?

—Apuesto a que sí —respondió José Luis.

—Ya veremos —dijo Alberto.

En su primera temporada completa con el Real Madrid, Luka ganó todos los torneos que disputó y fue nombrado el mejor jugador en todos ellos, así que lo subieron de categoría. Tal y como había ocurrido con Brezovec unos años atrás, se decidió que solo Luka se pusiera sus límites, si es que alguna vez los encontraba.

Pero Luka no parecía tener límites. Con trece años superaba con facilidad a chavales de quince, con catorce masacraba a chicos de diecisiete o dieciocho. Luka devoraba todos los récords de precocidad como un lobo hambriento en un gallinero.

Y, mientras tanto, seguía aprendiendo: aprendió el subjuntivo, que sirve para explicar deseos, y aprendió a hablar de sus deseos en español. Aprendió a cocinar algunos platos. Leyó libros y vio películas y series de televisión. Luka era el chico más normal del mundo. Solo que tenía un talento para el baloncesto fuera de este mundo.

Y así, llegó finalmente la llamada del primer equipo. Muchos de sus compañeros en la residencia nunca recibieron esa llamada. Luka la recibió con solo dieciséis años y dos meses. De nuevo dieciséis.

Se había convertido en el jugador más joven en debutar con el primer equipo.

La respuesta a la pregunta de Alberto había llegado mucho antes de lo esperado. Luka había hecho historia.

EL BUENO DE CHUS

Goran se sentó en el sofá del pequeño salón de su casa y encendió la televisión. Buscó el canal deportivo internacional donde se retransmitía el partido que enfrentaba al Real Madrid y al Unicaja de Málaga.

Goran seguía la liga española desde que su amigo Luka había empezado a entrenar con el primer equipo, unos meses atrás. En aquel momento, Goran era un estudiante de instituto que había dejado a medias sus deberes de matemáticas para ver por televisión el debut de Luka con el primer equipo del Real Madrid. A Goran se le daban bien las matemáticas y soñaba con convertirse en programador informático. Había dejado el baloncesto hacía menos de un año. Aquel base menudo y un poco atolondrado, que sabía mejor que nadie que cuando Luka jugaba era como cuando soñaba, en ese momento era un hincha más del equipo blanco. Alguien llamó a la puerta. Goran abrió, y allí estaba Zoran, vestido con el chándal del Olimpia de Liubliana.

—¿Ya ha empezado? —preguntó Zoran.

—Están en el primer cuarto —respondió Goran, mientras acompañaba a su talludo amigo hasta el salón. Le ofreció una bolsa de patatas fritas. Zoran la abrió y empezó a engullir patatas con avidez.

—¿Crees que hará alguna canasta? —preguntó Zoran con la boca llena.

—¡Claro! ¿Te apuestas algo? —dijo Goran.

Zoran seguía jugando en el Olimpia. En aquel momento era un pívot de más de dos metros cinco de altura. Había pulido su tiro de media distancia, aunque en defensa todavía tenía que mejorar. Soñaba con ser profesional, como todos. O casi todos. ¿Con qué soñaría Luka?

La pantalla enfocaba al banquillo del equipo blanco. Concretamente al entrenador, Pablo Laso.

—¿Quién es ese? ¿El entrenador? —preguntó Zoran.

—Sí.

—Pues se parece a mi tío el panadero.

Goran soltó una carcajada.

—A mí —dijo Goran— me recuerda a un policía con ganas de jubilarse.

Las risas continuaron, y el partido también. Pablo Laso daba vueltas arriba y abajo, dando instrucciones, echando vistazos al banquillo y al marcador.

* * *

Pablo nunca tuvo aspecto de jugador de baloncesto. No era ni muy alto ni muy rápido ni muy atlético. Sin embargo, jugó 19 años en la primera categoría del baloncesto español. Pablo se hizo un sitio donde nadie le esperaba gracias a su juego aguerrido, su coraje y su tesón.

Pocos años después de colgar las botas de jugador se anudó la corbata de entrenador, y de nuevo demostró a todos que su sitio estaba en la élite. Empezó en la tercera división y fue mejorando equipos y subiéndolos de categoría hasta hacerse un sitio en la Liga ACB durante cuatro años en el Gipuzkoa Basket de San Sebastián. Fue entonces cuando el Madrid le llamó. Era el verano del año 2011 y el club blanco estaba en crisis. Pablo no se lo pensó dos veces y aceptó el reto de entrenar a un equipo grande con la misma valentía con la que había desarrollado toda su carrera como jugador.

No tardó en imprimir su sello ganador y aguerrido en un club que no pasaba por su mejor momento, partiendo de una idea muy sencilla: para triunfar en la élite no valía de nada la gloria del pasado sino la fuerza del presente. Por eso nunca le tembló el pulso a la hora de dar oportunidades a aquellos que se las habían ganado en los entrenamientos. Aunque, en algunos casos, estos jugadores fueran muy jóvenes.

Pero nunca habían sido tan jóvenes como Luka.

Pablo, que siempre tenía un ojo puesto en la cantera, se había empezado a fijar en Luka desde su llegada. Como el resto de los entrenadores del club, sucumbió al hechizo de su juego y ocurrió lo inevitable. Solo tres años después de que el Real Madrid lo fichara con trece años, el entrenador del primer equipo apuntó el nombre de Luka Dončić en la lista de convocados para un partido oficial de liga. Sería contra el Unicaja de Málaga, uno de los rivales más difíciles de la competición.

Cuando Chus Mateo, uno de sus ayudantes, leyó el nombre del esloveno en la pizarra blanca del vestuario, entre nombres de medallistas olímpicos como Sergio Rodríguez, Rudy Fernández, Andrés Nocioni o Felipe Reyes, miró a su jefe y le preguntó:

—¿Estás seguro?

—Claro que sí —respondió Pablo—. Está más que preparado.

—Es muy joven. ¿No tienes miedo de quemarlo antes de tiempo?

—No, no tengo miedo. Y él tampoco tendrá miedo. Lleva toda su vida compitiendo y ganando contra tipos mucho mayores, superando retos que siempre parecían demasiado grandes.

El partido avanzaba y la victoria del Real Madrid contra el Unicaja parecía segura. A miles de kilómetros de allí, dos adolescentes llamados Goran y Zoran hacían apuestas a ver cuándo aquel hombre con aspecto de panadero o policía se decidiría a formar parte de la historia.

De repente, ocurrió algo inesperado. El entrenador del Real Madrid fue expulsado después de una discusión por una falta no pitada. Toda la responsabilidad pasaba a manos de su segundo entrenador, un hombre que tampoco tenía aspecto de haber jugado nunca al baloncesto.

—¿Y este quién es? —preguntaba Zoran.
—¡Y yo qué sé!

Estaban hablando de Chus Mateo, uno de los grandes secundarios del baloncesto español.

—¡Pues este parece el dueño de una gestoría! —reía Zoran. Y, como la risa de Zoran era muy nasal y muy ridícula, contagió a Goran, que se revolvía en el sofá mientras comía Doritos.

El partido seguía su curso y Luka miraba a su alrededor. El WiZink, un pabellón con capacidad para quince mil espectadores, estaba hasta los topes de gente cantando y animando. Las luces sobre la pista invitaban a la magia. Pasaban los minutos y el partido se inclinaba cada vez más a favor del Real Madrid. Desde la impotente lejanía, Pablo se preguntaba cuándo se decidiría Chus a darle la alternativa a Luka. Mateo miraba al banquillo y al marcador, como un rato antes había hecho Pablo. A miles de kilómetros, con algunos segundos de desfase por la señal satélite, Goran había dejado de mirar la pantalla del televisor mientras hacía los deberes de matemáticas. Zoran le dio un codazo.

—¡Lo sacan!

—Solo queda un minuto y medio —dijo Goran contemplando el marcador que aparecía en pantalla.

—¿Aún crees que le va a dar tiempo a meter alguna? —sonrió Zoran.

—Seguro —dijo Goran—. Tú apuesta por lo que quieras, pero yo siempre voy a apostar por Luka.

Goran subió el volumen. En las pantallas se escuchó el bocinazo que anunciaba un cambio. La cámara se centró en Chus Mateo, que en aquel momento se acercaba al joven esloveno para darle instrucciones. La megafonía anunció el cambio: con el diecisiete entra en cancha... ¡Luka Dončić! Goran y Zoran gritaron emocionados.

El debut de Luka en el primer equipo del Real Madrid ocurrió cuando quedaban un minuto y treinta y siete segundos para terminar el partido contra el Unicaja. El encuentro, en aquel momento, ya estaba encarrilado y la victoria parecía segura, y sin embargo, el pabellón abarrotado podría intimidar a cualquier muchacho de su edad.

Sergi Llull subió la pelota y se la pasó a Sergio Rodríguez, que pidió un bloqueo a nueve metros de la canasta rival. El argentino Andrés Nocioni puso una pantalla para que el jugador que marcaba a Rodríguez quedara atrás. El base canario corrió hacia el interior de la zona perseguido por su defensa y rápidamente soltó la pelota hacia fuera. Ahí, en el lado derecho del ataque, con los pies plantados detrás de la línea de tres, estaba Luka para recibir el pase, como cuando el pequeño Goran, en los años del Olimpia, sacaba la pelota fuera buscando a alguien que rescatase sus jugadas y siempre encontraba la misma red de seguridad.

La primera pelota que tocó Luka con el primer equipo se convirtió en su primer triple en la Liga ACB.

—¡Increíble! —gritó Zoran— ¡Increíble!

—¡Te lo dije! —reía Goran.

Los miles de espectadores que abarrotaban el pabellón estallaron en un sonoro aplauso. Los jugadores del banquillo blanco lanzaron gritos de ánimo y carcajadas de alegría. Chus Mateo buscó a su primer entrenador con la mirada, pero no lo encontró. Al bueno de Chus le habría encantado tener a Pablo a su lado para compartir con él ese momento histórico.

Y decirle: tenías razón. Sobre una cancha, este chico no conoce el miedo.

LAS COSAS PEQUEÑAS

Podemos compartimentar las etapas de una vida en los diferentes decorados en los que sucede. La infancia de Luka transcurre entre el verde de los campos de Liubliana y el marrón de las pistas de baloncesto del Olimpia. Su adolescencia se enmarca en las calles de Madrid y en las estructuras robustas de gris cemento y cristal rectilíneo de la Ciudad Deportiva. Ahora, a sus casi diecisiete años, el Wizink Center, el fantástico pabellón del barrio de Goya, es ya uno de sus decorados habituales.

Otra forma de organizar épocas es a través de los rostros. Las caras pasan por delante de nosotros igual que los lugares. Algunas pasan fugaces y se vuelven inolvidables. La infancia de Luka tuvo las caras de Jernej Smolnikar, Goran, Zoran y la de sus padres. Su adolescencia la define el rostro de su entrenador, José Luis, el de Alberto, su gran valedor, y el de sus compañeros en la residencia y en el equipo EBA. Pero ahora estaba en otra fase y sus ojos se estaban acostumbrando a la cara de Andrés Nocioni. Y eso que no es nada fácil acostumbrarse a la cara del «Chapu», sobre todo cuando te mira con esa mirada de loco.

Andrés Nocioni contaba con un expediente interminable de víctimas a lo largo de su larga y prolífica carrera. Estaban en un entrenamiento, y su defensor se había quedado atrás tras un bloqueo que le había puesto Felipe Reyes. Superado ese obstáculo, el veterano alero argentino pisaba el cuello de la botella con la pelota en su poder y, ante él, una autopista libre hacia la canasta, debajo de la cual estaba colocándose aquel niño esloveno que llevaba un tiempo entrenándose con los mayores. Nocioni arrancó hacia canasta. Su cuerpo robusto, de bisonte, caía a peso como un yunke en cada paso, haciendo vibrar el parqué bajo los pies de Luka, que lo esperaba bajo el aro. Que lo miraba cara a cara. Que lo veía acercarse hacia él con la determinación de una pantera.

Cualquier chaval de su edad se habría muerto de miedo.

Andrés saltó sobre Luka. El veterano argentino embistió al novato esloveno y lo lanzó contra el suelo a unos tres o cuatro metros. Chus Mateo detuvo el entrenamiento con un pitido.

—¡Falta en ataque!

—¡Andate a cagar, Chus! ¡El chico se lanzó al suelo descaradamente! —gritó Nocioni, encolerizado.

Con los ojos rojos de furia, se acercó hasta Luka, que estaba en el suelo, y le ayudó a levantarse. Andrés le miró con cara de loco y con la boca abierta, pero acto seguido le guiñó un ojo a Luka y le espetó:

—Estuviste muy bien, le pusiste lo que hay que poner.

Sin embargo, tras ese momento de fraternidad, Andrés se volvió de nuevo hacia Chus e insistió. «No era falta», repetía y repetía. El chico se había tirado. Así era Andrés. Porque allí donde tú caíste, él habría aguantado de pie. Y es que al Chapu no se le tiraba al suelo fácilmente. A Luka tampoco, todo hay que decirlo, aunque jugara con tipos que le doblaban la edad.

Luka tenía un físico que resistía los empujones de hombres adultos de más de dos metros, pues él ya rondaba esa altura, y tenía una musculatura compacta, como la de un joven jugador de fútbol americano. Andrés Nocioni tenía en aquel momento 37 años y ya había ganado una olimpiada, había sido una estrella en Europa, uno de los mejores jugadores de un equipo de playoffs en la NBA, y había vuelto para coronarse campeón de Europa con el Real Madrid, siendo el mejor jugador de la final.

Cuando Andrés chocó contra Luka en aquel entrenamiento, ya se las había visto con gente como Kobe Bryant o LeBron James. Nocioni se había partido la cara contra los hombres que vigilaban los sueños de Luka, inmortalizados en los pósters que colgaban en las paredes de su habitación. Si alguien tenía crédito para echar abajo los sueños de cualquier novato como Luka y enterrarlos bajo el suelo, era Andrés Nocioni.

A lo largo de su vida, Andrés había cambiado muchas veces de escenario, se había familiarizado con muchos rostros diferentes. Su carrera estaba repleta de episodios inolvidables, de protagonistas históricos. El barbilampiño rostro de aquel muchacho de dieciséis años estaba empezando a ser habitual en su día a día, y no le extrañaba. Ya no solo por el talento, sino porque no se achantaba nunca. Esas cosas pequeñas, que no se ven tanto como una asistencia de espaldas o un triple sobre la bocina, pero que dicen tanto o más. Sí, las cosas pequeñas de Luka eran lo que más le gustaba a Andrés: pequeñas muestras de valentía, de carácter, de sangre de lava corriendo por venas de acero y hormigón. Como el día de la bronca de Pablo. La idea que el argentino tenía de Luka Dončić cambió a partir de aquel día, a partir de aquella bronca. Una bronca inolvidable. Una bronca que bien se merece un capítulo aparte.

LA BRONCA DE PABLO

Eran alrededor de las siete de la tarde del 7 de enero de 2016 en Moscú, y faltaban cuatro minutos para el final del segundo cuarto. El Real Madrid perdía de 5 contra el CSKA y tenía la pelota en su posesión. Andrés Nocioni botaba de espaldas a canasta a cinco metros del aro, luchando por ganar la posición a su defensor. Botaba y golpeaba con sus hombros, intentando avanzar hacia atrás. Quizá, si conseguía acercarse un poco más, podría probar un gancho o, si aparecía otro defensor, sacaría la pelota hacia alguien liberado para el triple. El hijo de Mirjam observaba la jugada desde los ocho metros.

El ruido en el pabellón moscovita era ensordecedor. Nocioni intentaba avanzar de espaldas pisando con su fuerza de bisonte, y cuando vio que tenía la canasta a tiro se volvió para intentar el lanzamiento. No llevaba ni la mitad de su giro hecho cuando el base serbio Miloš Teodosić, la estrella del equipo ruso, le birló la pelota como un carterista profesional, y esta fue a parar a las manos de un compañero del CSKA que lanzó a su equipo a un frenético contraataque. El equipo blanco se replegó a tiempo, y los rusos, que vestían de color rojo, se detuvieron un instante para organizar la jugada. No necesitaron más que unos segundos para darse cuenta de que los de Pablo Laso se habían desorientado y habían dejado liberado al pívot del CSKA justo debajo del aro, a unos pocos metros de Luka, que no estaba todavía emparejado en ningún marcaje. La pelota llegó hasta el pívot, que fintó un intento de tapón de Luka y luego saltó para hacer una canasta fácil. El CSKA se ponía 7 arriba y Pablo Laso, desgañitándose en la banda, pedía un tiempo muerto.

Sonó la bocina y los jugadores, cabizbajos como un perro hambriento, se acercaron con paso triste hasta el banquillo. Luka todavía no se había sentado cuando Pablo, agarrando la pizarrilla donde dibujaba las jugadas, empezó a gritar:

—¡Una! ¡Una maldita jugada! ¡Una jugada, la que quieras! Ele, cuernos abajo, tres...

Pablo empezó a garabatear líneas y círculos en la pizarra.

—¡La que quieras! ¡Una maldita jugada! —Pablo no apartaba su mirada de Luka, que soportaba aquella tormenta que atronaba mil veces más que las del público que abarrotaba el estadio moscovita. Andrés observó que aquella bronca, que bien merecían todos, estaba casi exclusivamente dedicada a Luka.

Luka asintió con la cabeza, parecía haberlo entendido. Andrés Nocioni, campeón de Europa, campeón olímpico, que se había partido la cara contra las torres más altas del mundo, se preguntó cómo le habría sentado a él que Pablo Laso le hubiera mirado durante todo el rato que había durado aquella bronca. ¿Cómo habría reaccionado? ¿Cómo habría vuelto a la cancha? ¿Qué habría hecho sobre el parqué? Nocioni supo desde el primer momento que él no habría reaccionado a aquella bronca como lo hizo aquel chaval de dieciséis años.

En la primera jugada tras el tiempo muerto, Luka subió la pelota y, después de un par de bloqueos, colocó los pies, armó el brazo y clavó un triple. No hubo aspavientos ni celebraciones. Era lo que se suponía que tenía que hacer, ¿no? En la carrera hacia el repliegue defensivo, Andrés cruzó miradas con Jaycee Carroll. Una leve sonrisa se dibujó en el rostro del cañonero estadounidense: no era mala manera de responder a los gritos de Laso.

Pero hubo más: tres jugadas más tarde, Luka atrapó un

rebote defensivo tras un mal lanzamiento del CSKA, cruzó la línea de medio campo y se la pasó a KC Rivers, que unos instantes después lo encontró liberado para otro lanzamiento de tres. Cuando Luka recibió la pelota no lo dudó. ¡Chof! Otro triple convertido. En el banquillo, Sergio Rodríguez soltó un bufido y miró a su entrenador. Pablo Laso, de pie, apretó los puños. «¡Bien, Luka, bien!»

Pero es que aún hubo más. Un par de jugadas más tarde, la historia se repitió. Luka volvía a solucionar una posesión con un triple que ponía al Madrid a solo un punto del equipo ruso. Sus compañeros lo celebraron en el banquillo. «¡Ya le podías haber pegado la bronca antes!», le decían a Pablo entre risas.

Andrés Nocioni se mantuvo en pista durante aquella exhibición del pequeño Luka y comprendió que el esloveno no era uno de esos muchachos con talento que aguantan en el primer equipo hasta que el escudo les pesa demasiado.

Luka no era uno de esos jóvenes que necesitaban una cocción larga, eso que llaman «foguearse». Luka era ya una realidad, un profesional que respondía con profesionalidad a lo que se exigía de él.

Mejor, incluso, que con profesionalidad. A las exigencias de Pablo, había respondido con un truco de magia. Pasen y vean al mago de Liubliana, al portento de dieciséis años y su «espectáculo de los tres triples que te dejan mudo».

Más de una vez, a lo largo de su larga carrera, Nocioni hubiera dado un brazo por callarle la boca a algún entrenador con tres triples seguidos. No recordaba haberlo hecho nunca y, sin embargo, aquel chaval lo acababa de hacer sin darse importancia, sin pegar gritos ni hacer aspavientos. Y eso, ese pequeño gesto de no exagerarse, era definitivo. Luka ya sabía que aquello era normal en él. Los que no se habían dado cuenta hasta entonces eran sus nuevos compañeros en el primer equipo.

SERGI

Había empezado ocho años antes. Había empezado con los codazos que se daban los hinchas del Olimpia de Liubliana en los descansos de los partidos del primer equipo. Esos codazos que decían «Ey, no te pierdas eso», «Oye, mira a aquel niño».

La leyenda de Luka Dončić, que escribía entonces las primeras páginas de su prólogo, llegó a los oídos de Alberto, quien se cruzaría en la vida de Luka, y en su relato vital. Un relato que desembarcó en la prensa española cuando Luka tenía solo trece años. Fueron unas pocas líneas en un periódico digital: «El Real Madrid ata a Luka Dončić, una de las grandes promesas del baloncesto europeo». La leyenda, como una bola de nieve descendiendo por una ladera, empezó a crecer a toda velocidad. Los títulos de los torneos júnior, los MVP en todas las competiciones de las categorías nacionales, convirtieron el nombre de Luka Dončić en un nuevo lugar común en la prensa especializada. Cuando tenía quince años, todos los que sabían de baloncesto en España conocían su nombre. La leyenda de Luka escribió varios capítulos en los pocos minutos que duró su estreno con el primer equipo. Luka había metido un triplazo del que todo el mundo hablaba.

—¿Quién es ese niño? —decían los que no sabían nada de baloncesto.
—¿De dónde ha salido? —preguntaban otros.

Cuando tenía dieciséis años y medio, ya se le comparaba con los mejores jugadores de la historia a su misma edad. ¿Qué nivel tenía LeBron con dieciséis años? ¿Y Jordan? Esto alimentó aún más el extraordinario relato de Luka, que acabó llegando a oídos de algunos ojeadores de la NBA. Como cuando Alberto se cruzó en la vida de Luka y en la de su madre, las franquicias de la competición norteamericana empezaron a preguntar por el chico, empezaron a estudiar su potencial. Alberto sabía que tarde o temprano Luka daría el salto a la mejor liga del planeta. Solo esperaba encontrar argumentos para que eso ocurriera lo más tarde posible.

En aquella época, Alberto ya se había acostumbrado a proteger a Luka de los periodistas, que se morían de ganas de conseguir una entrevista en exclusiva con el genio esloveno. La persona y la leyenda, sin embargo, pisaban caminos independientes. Luka no prestaba atención a lo que se decía de él en la prensa, sus prioridades no se relacionaban con el ego, sino con el juego. Más que ser el mejor de su equipo, quería jugar en el mejor equipo y, en aquellos momentos, no existía un equipo mejor para Dončić que el equipo blanco. Lo habían cincelado como a una escultura, puliendo sus aristas, y en aquel momento era una pieza única que querían proteger como un tesoro.

—¿Qué tal estás con nosotros? —le preguntó una vez Sergi Llull.

Fue después de un entrenamiento. El debut con el primer equipo y la bronca de Pablo Laso eran capítulos todavía recientes en sus vidas. Luka no podía creérselo. Sergi Llull, un ídolo del club, se interesaba por él. Luka sonrió y asintió con la cabeza. Sin embargo, aunque no se lo diría, algunos rostros se cruzaron por su mente en ese momento.

Durante los primeros meses en el primer equipo, Luka se había ido alejando de algunos rostros familiares, personajes de capítulos de su vida que habían llegado a su final. Así como Goran y Zoran y otros rostros de su infancia habían quedado atrás hacía mucho tiempo, ahora quedaban atrás los de sus compañeros del equipo júnior. El color de sus ojos, el timbre de sus voces, todavía ardían en la me-

moria de Luka cuando se despidió de ellos. Poco a poco, ese fuego se convertiría en brasas y luego en ceniza. Los recuerdos son esa ceniza, ese polvo acumulado en los cajones de nuestra memoria.

Y, aun así, algunas miradas, algunas voces, algunas conversaciones se fosilizan en esos mismos cajones. Recuerdos tan vívidos que casi los podrías tocar. Luka recordaría para siempre aquella tarde, el día antes de su estreno con el Olimpia en el torneo de Roma, en que todos sus compañeros y su entrenador, el señor Smolnikar, le jalearon tras su triple desde el centro de la cancha. Luka recordaría para siempre algunas noches de videojuegos y confidencias con sus compañeros en la Ciudad Deportiva del Real Madrid. Luka recordaría para siempre la primera vez que entrenó con el primer equipo. También recordaría para siempre aquella conversación con Sergi Llull.

Luka lo había visto jugar cientos de veces y estaba prendado de su estilo eléctrico e impredecible, y de su condición de héroe dentro del Real Madrid: Llull era, para muchos, el mejor jugador del mundo fuera de la NBA, y las ofertas para ir a la liga estadounidense se acumulaban sobre la mesa de su representante. El balear siempre las rechazaba.

Llull había dado innumerables momentos de gloria a su afición, momentos repletos de penetraciones imposibles y de canastas sobre la bocina. Se había convertido en el rey del *buzzer beater*: si el partido estaba apretado en los últimos segundos del partido, la muñeca más caliente siempre era la suya. Sus canastas imposibles tenían hasta un nombre propio: «mandarinas».

Las mandarinas de Llull sabían a triunfo. A felicidad. A éxtasis.

Llull había ganado todo lo ganable con el Real Madrid y había grabado para siempre su nombre en la historia del club. Cualquier otro, en su situación, habría probado suerte en la NBA. Los Houston Rockets, uno de los mejores equipos de la liga norteamericana, soñaban con reclutarlo. Sin embargo, nunca le pudieron asegurar la condición de héroe, y ese fue un motivo definitivo para quedarse en España. Aquí era el héroe de la hinchada madridista entre la cual se encontraba el joven Luka Dončić.

—¿Qué tal estás con nosotros?

Esa sencilla pregunta derivó en una conversación. Sergi y Luka hablaron de las rutinas en el primer equipo y de sus vidas. Sergi le contó cómo fueron sus primeros meses en el Real Madrid, y compartió con él las lecciones que había extraído de esa experiencia. Hablaron de sus aficiones aparte del baloncesto, y de los problemas de Luka con el español, que cada vez eran menos. Y compartieron anécdotas de su infancia.

—En mi pueblo sale el sol antes que en ningún otro pueblo de este país —le dijo Sergi.

—¿Cómo se llama?

—Es Castell, está al lado de Mahón, en Menorca. Es muy bonito y tranquilo. Como un paraíso.

También la leyenda de Llull y la persona transcurrían por sendas paralelas. El nervio puro del Llull jugador se evaporaba en cuanto el menorquín salía de la cancha. Era entonces, cuando no había una canasta de por medio, cuando emergía su relajado talante isleño. Cuando lo oías hablar, era imposible imaginárselo entrando en combustión.

Luka le habló a Sergi de su pasado, de su época en el Olimpia, de los amigos de la infancia, de los recuerdos de su pueblo. De muchos de esos recuerdos ya solo quedaban rescoldos, de otros solo cenizas. Algunos todavía ardían. Otros se habían fosilizado. Luka removió esos recuerdos en los cajones de su memoria durante aquella conversación con uno de sus héroes.

Aún no tenía diecisiete años, y los nuevos capítulos de su vida se estaban llenando de personajes extraordinarios. Su leyenda, cada vez más grande, estaba muy cerca de escribir algunos de sus capítulos más gloriosos.

TERCERA PARTE: LA CONQUISTA DE EUROPA

LECCIONES

Hay épocas en las que todo lo que haces trasciende, y se graba, y se emite por radio y televisión, y se sube a internet para la eternidad. Épocas en que las experiencias vividas se confunden con las grabaciones repetidas hasta la saciedad en los medios de comunicación.

Por ejemplo, la mandarina imposible de Sergi Llull contra el Valencia Basket aquella tarde de febrero del 2016. La Mandarina con M mayúscula. Una de las canastas más inverosímiles de la historia de la liga.

Luka recordaba dónde estaba en ese momento, y cómo vio desde su perspectiva, sentado en el banquillo visitante de La Fonteta, que Sergi recibía la pelota tras un saque de fondo de Felipe Reyes con un segundo y tres décimas para el final del partido y 2 puntos por debajo. El equipo naranja acababa de meter un canastón que había deshecho el empate a 92. La victoria para el Valencia parecía segura, pero todavía quedaban un segundo y tres décimas y Llull tenía algo que decir. Tal y como le llegó el pase de Reyes, en carrera, dio un bote rápido, saltó y, antes de que ningún jugador «taronja» pudiera saltarle encima, lanzó la pelota arriba, muy arriba. Estaba a 21 metros de la canasta. Era el típico lanzamiento desde campo propio, a la desesperada.

Pero algo era diferente, esa sensación de que podía ser, de que Sergi podía hacerlo. Esa sensación de que, en realidad, eso Llull lo había hecho miles de veces. El corazón de Luka y el de todo el pabellón en un paréntesis de unas décimas de segundo. La pelota subía y el tablero se iluminó con el bocinazo del final de tiempo. Llull aterrizaba de su salto clavando los pies en el suelo y sin dejar de mirar la pelota, que bajaba con nieve de las alturas tras una parábola perfecta y se colaba limpia en el aro. El Real Madrid se alzaba con la victoria, 94-95, y los suplentes del equipo blanco, con Luka a la cabeza, explotaban de alegría e invadían el campo para abrazar a su líder. Luka abrazó con fuerza a Sergi mientras le gritaba, ebrio de euforia, que era el mejor. Tenía ese recuerdo grabado a fuego.

En febrero de 2017 había pasado un año desde que Sergi Llull metiera aquella mandarina imposible contra el Valencia. Desde entonces, a Luka le había dado tiempo a madurar en el primer equipo y asumir cada vez más y más responsabilidades, bajo la atenta mirada de su entrenador y sus compañeros, empezando por el propio Sergi, que se había convertido en uno de sus principales mentores. En este tiempo, el Real Madrid había ganado la liga, con Llull como MVP de la competición. Su nivel, por momentos estratosférico (como en esa canasta contra el Valencia), le había consolidado como el mejor jugador del planeta fuera de la NBA. Una liga que, al menos para el menorquín, cada vez parecía más lejana.

—¿Cuándo planea dar el salto a la NBA?

La pregunta la hacía Félix, un periodista que trabajaba para uno de los principales periódicos del país. Luka estaba sentado en un sofá de piel, en la recepción del hotel que el Real Madrid había escogido para que su perla concediese aquella entrevista. Las paredes de la estancia eran de color crema, y había enormes espejos que rebotaban la luz que venía del exterior. Félix estaba sentado frente a él, con la grabadora en su regazo y un bolígrafo y una libreta en las manos, tomando notas. Luka ya empezaba a acostumbrarse a tratar con los periodistas, que poco a poco habían ido derribando el muro de protección que lo había rodeado desde su llegada al Real Madrid. Se le hacía un poco raro que hombres y mujeres de treinta o cuarenta años le hablaran de usted, pero, como no sabía si era adecuado o no corregirles, les dejaba que le hablaran como a un señor mayor. Pero no le gustaba.

A todo el mundo le interesaba oír hablar a aquel muchacho de amplia sonrisa y trato afable que jugaba como los ángeles. En ese momento, a Luka le faltaban todavía diez días para cumplir los 18 años, y ya acumulaba 102 partidos oficiales con el primer equipo. Para entonces, había ganado dos ligas y acababa de ganar su primera Copa del Rey. Aún no era mayor de edad y ya tenía el palmarés de un jugador veterano con una carrera más que digna. Nadie había ganado tanto siendo tan joven. Eso hacía que la respuesta que Luka le dio a Félix resultara felizmente paradójica.

—No tengo ninguna prisa.

La fama de Luka había cruzado el Atlántico hacía ya un par de años, desde que debutara con el primer equipo con aquel triple inolvidable. Los cazatalentos de la NBA empezaron a hablar entonces de un niño en Europa que no se podía comparar con ninguna gran estrella del baloncesto a su edad. Para cuando llegó el día de esta entrevista con Félix, Luka ya era el objeto de deseo de casi todos los equipos de la mejor liga del mundo.

—¿Cómo se definiría como jugador? —preguntó Félix.

—Me gusta jugar de base, pasar el balón. Cuando pasas el balón haces feliz a dos personas.

Luka sonrió. El periodista anotó el gesto de Luka en su cuaderno y preguntó.

—¿A quién quiere parecerse?
—A Sergi Llull. Es un gran ejemplo, nuestro líder.
—¿Qué cualidades debe tener un líder?

En ese momento, por la cabeza de Luka pasó el recuerdo de aquella mandarina imposible de Sergi contra el Valencia. Por su mente volaron los flashes desde el banquillo, con el grito de la afición valencianista al ver cómo, súbitamente, caía su alegría por un acantilado inesperado. Luka dijo, con voz serena:

—Un líder tiene que tener la tranquilidad que se necesita en los finales de partido para llevar el equipo a la victoria. En esos momentos es cuando hay que ser más fuerte.

Luka, el aprendiz en la corte, tuvo en Sergi a su mejor maestro, pero no al único. Felipe Reyes, su corajudo capitán, le ayudó a mejorar en el rebote; Rudy Fernández le ayudó a mejorar en la defensa; Andrés Nocioni, el bisonte argentino, le empujó a echar siempre toda la carne en el asador. Entre risas y burlas llenas de cariño, y a base de codazos y sudor, todos ellos enseñaron a Luka desde el ejemplo más que desde la palabra. Algunos de los mayores tesoros que Luka se llevaría de su etapa blanca fueron esas lecciones de juego puro, de fundamentos que se pulen con el cincel de la repetición; y las lecciones de vida que aprendía de cada uno de sus compañeros.

Una de esas lecciones se la dio Andrés Nocioni en abril de ese mismo año. Estaban en el vestuario, cambiándose después de una sesión de entrenamiento, cuando el Chapu le dio la noticia:

—Esta es mi última temporada.

Luka le preguntó por qué, ¿se había aburrido del juego? ¿se había aburrido de competir? Imposible. No podía ser. ¿Qué había pasado?

—Lukita, ¿vos tenés las mismas prioridades ahora que con... no sé... doce años?

Luka meditó un momento su respuesta. Con doce años él acababa de llegar a Madrid, y en aquel momento, sobre todas las cosas, le importaba aprender español... y el juego.

SU NOMBRE ES LUKA

—Más o menos...

El Chapu no pudo reprimir una carcajada.

—Es que sos un pibe... a veces me olvido de tu edad. En cualquier caso, algún día lo entenderás. Yo ya llegué hasta mi techo y ya hice el camino de vuelta. Ya está. Ahora tengo otras prioridades, ahora tengo otros techos que alcanzar.

Aquella decisión no cambió la manera de jugar de Andrés en los partidos que le quedaban, ni suavizó en lo más mínimo su intensidad en los partidos ni en los entrenamientos. Si acaso, fue a más. Como si el Chapu quisiera exprimir hasta el final sus últimos días en la élite. Luka entendió que la reputación de uno va de la mano del respeto que uno tiene hacia el juego. Ese respeto empieza por no bajar nunca el nivel de exigencia.

Aquella temporada, la 2016-2017, tuvo finalmente un sabor agridulce. El equipo había ganado en febrero la Copa del Rey, y Luka había aprendido muchísimas cosas y había crecido a tantísimos niveles... pero en la recta final no se pudo conseguir ningún título. El Chapu no se pudo retirar con una copa de despedida. Sin embargo, fue él quien, al consumarse la derrota en la final de liga contra el Valencia, se acercó hasta Luka para consolarle.

—Me sabe mal que no puedas despedirte con una liga —le dijo Luka, con la mirada empañada.

—Che, el juego es esto. Llegamos a la final, la disputamos. Lo dimos todo. Así está bien.

La sonrisa de Andrés en ese momento tuvo un efecto balsámico. Algo dolía un poco menos en el corazón de Luka, como si su pecho se hubiera ensanchado, como si hubiera crecido. Pequeñas modificaciones del alma de un niño que, día a día, se va convirtiendo en hombre.

Las lecciones de vida nacen, muchas veces, desde el dolor. El dolor de una despedida, como la de Nocioni, o el dolor de un accidente, como el de Llull.

Sergi Llull había enseñado a Luka miles de lecciones de juego, pero esta lección fue mucho más importante que todas ellas. Fue una lección de fortaleza mental que empezó poco tiempo después de la derrota en la final liguera de junio. Empezó, concretamente, el 10 de agosto de 2017.

En aquel momento Luka estaba concentrado con la selección eslovena preparando el Eurobasket que se iba a celebrar poco después. A miles de kilómetros de él, en las Islas Canarias, la selección española, que también se estaba preparando para la competición internacional, jugaba un partido amistoso contra Bélgica.

Habían transcurrido poco más de cuatro minutos del primer cuarto, y el marcador iba 11 a 9 a favor de España.

Llull subía la pelota con un defensa del equipo contrario siguiéndole de cerca. Como tantas otras veces antes. Cientos de veces. Miles.

Los accidentes son así, un error en la gramática de lo rutinario. Algo que no está donde debería, o que está donde no debería, como un trampolín para la fatalidad. En este caso, un extraño apoyo de la pierna tras bote, algo que había hecho miles de veces antes, y que esa vez tuvo algo fuera de lugar. Tras ese extraño apoyo, el cambio de dirección que intentó Sergi, a toda velocidad, resultó un giro físicamente imposible.

Su rodilla se rompió.

Como el reverso oscuro de la mandarina imposible, aquella lesión enmudeció el pabellón donde se celebraba el partido amistoso, y en aquel lugar donde se reunían miles de personas solo se oía una voz: la de Sergi Llull en un aullido desesperado de dolor.

Desde ese momento, empezaba el duro camino de una larga recuperación. Una demostración de fortaleza y amor por el juego que resultó ser la mejor lección del astro balear hacia Luka.

Poco después de ese fatal accidente, Luka y Sergi hablaron por teléfono. Luka acababa de terminar una sesión de entrenamiento con sus compañeros de la selección eslovena.

—¿Cómo te encuentras? —preguntó Luka.

—Bien. Volveré mejor que antes —dijo Sergi. Su voz transmitía esperanza, aunque ambos sabían que una lesión tan grave como la suya requeriría de algo quizás más importante que la esperanza: la paciencia.

—Te echaremos de menos en el Eurobasket —dijo Luka—. Aunque, ahora que no estás tú, será un poco más fácil ganar a España.

Ambos se rieron.

Quedaban 20 días para empezar la principal competición europea de selecciones, unos días que se estaban haciendo eternos. Sobre todo, desde la terrible lesión de Sergi. Todos querían que se lanzara el primer balón al aire para empezar a hablar de otra cosa. Todos querían ver hasta dónde llegaban España y Serbia, las grandes favoritas, y qué papel jugaban otras potentes selecciones como Francia, Grecia o incluso Eslovenia. Todos querían ver a Luka debutar en una gran competición de naciones. Ver de qué era capaz sin la protección de sus compañeros y su entrenador en el Real Madrid. Saber si ya estaba preparado para el reto de liderar a su humilde selección hasta la cumbre de la élite mundial.

Ni los más optimistas habrían imaginado lo que iba a suceder.

EL OFICIO DEL GANADOR

Anthony Randolph no hablaba castellano, aunque después de una temporada en el Real Madrid ya entendía algunas palabras. Tampoco sabía esloveno, porque nunca había vivido en Eslovenia, pero después de varias semanas concentrado con la selección eslovena para jugar el Eurobasket, empezaba a reconocer la melodía del idioma, algunos saludos, algunas palabras habituales...

Sí. Anthony Randolph, ala pívot norteamericano del Real Madrid, iba a jugar el Eurobasket con la selección de un país en el que nunca había estado. Un país que hablaba un idioma que nunca había escuchado más que en la boca de una persona: su compañero Luka Dončić. Lo curioso es que Dončić, en Madrid, usaba a menudo el esloveno para decir tacos y desahogarse durante los partidos, de modo que el poco esloveno que había escuchado Randolph antes de «fichar» por Eslovenia eran básicamente palabrotas e insultos.

Aunque no era un experto, Anthony Randolph sí que podía distinguir el castellano del esloveno. Por eso, cuando en plena concentración con la selección eslovena, escuchó a Luka hablar en castellano por teléfono, se detuvo y prestó atención:

—Te echaremos de menos en el Eurobasket. Aunque, ahora que no estás tú, será un poco más fácil ganar a España.

Anthony Randolph vio la sonrisa de Luka. Después escuchó de su boca un nombre familiar.

—Hasta pronto, Sergi.

Cuando Luka colgó, Anthony se le acercó. El norteamericano tenía en el joven esloveno una de sus pocas tablas de salvación en aquella aventura inesperada. El gobierno de Eslovenia le había ofrecido la nacionalidad exprés a cambio de participar en la competición de naciones: su selección ya contaba con dos estrellas europeas como Goran Dragić, base titular de los Miami Heat en la NBA, y Luka Dončić, el gran talento joven de Europa, y necesitaba un jugador interior que pudiese dominar en el viejo continente para acabar de confeccionar un equipo con opciones de ganar el Eurobasket. Se fijaron en Anthony Randolph porque era una estrella que ya brillaba con Luka en Madrid. Él aceptó el desafío.

Aquella aventura le tenía en ese momento en un lugar desconocido, en un entorno un tanto inhóspito, aislado de no ser por su buen amigo, el pequeño Luka.

—¿Sergi? —preguntó Randolph.

Luka le contó la conversación con Llull, y los mensajes que su compañero en el Real le había hecho llegar. Mensajes de fortaleza y optimismo. Randolph y Luka, que acababan de terminar una sesión de entrenamiento, decidieron salir juntos a dar un paseo por los alrededores de las instalaciones donde estaban concentrados.

Durante esos días, Anthony Randolph y Luka Dončić se conocieron mejor. Habían pasado la última temporada juntos, ajustando cada uno su juego con el del otro, hasta que el *pick and roll* les salía por instinto, pero aquella experiencia en el Eurobasket les sirvió para ahondar en su amistad. Horas y horas de charla fuera de las pistas, sobre la vida, el juego, el ocio y el negocio, tuvo un influjo determinante en su conexión dentro de la pista. Cuando jugaban juntos, los talentos de ambos no se sumaban, sino que se multiplicaban. El libro de juego de Eslovenia durante las jornadas de

preparación se podía resumir en un regimiento de solda-
dos alrededor de un triángulo letal: a la conexión Dončić-
Randolph, la del escolta con alma de base y el ala pívot con
altura, movilidad y tiro, había que sumarle la categoría de
Goran Dragić.

Para cuando la selección eslovena se plantó en Turquía,
sede del Eurobasket 2017, aquel equipo era una máquina
de triturar las esperanzas de cualquier rival. El ritmo de
juego que imprimía Goran Dragić, la lectura de las situaciones, las asistencias y los triples de Luka Dončić y la velocidad de movimientos al poste bajo y la eterna amenaza
desde la larga distancia de Anthony Randolph, a los que
se les sumaba un grupo de secundarios llenos de talento
y ambición, fue demasiado para todas las selecciones que
compartían grupo con Eslovenia. 5 victorias y 0 derrotas
en la fase de grupos, derrotando a equipos como Francia
y Grecia.

El idilio de Eslovenia con la victoria siguió en todo el
campeonato. Dejaron en 55 puntos a Ucrania en octavos
de final y le metieron más de 100 a la Letonia de Kristaps
Porzingis en cuartos. En semifinales se vieron las caras con
España, el gran ogro de la competición. En la roja había
hasta siete jugadores que jugaban o habían jugado en la
NBA, grandes estrellas del baloncesto europeo como los
hermanos Gasol, Ricky Rubio o Juan Carlos Navarro. Un gi-
gante de la historia que había aprendido a ganar campeo-

natos desde el oficio del ganador. Porque ganar, a veces, es cuestión de ser eso: un ganador. El equipo ganador no es el que aplasta a sus rivales en todos los partidos, sino el que consigue tener opciones de ganar en sus peores noches. En los dos primeros cuartos, Eslovenia sorprendió a España con el juego eléctrico de su triángulo letal, pero el equipo liderado por Pau Gasol supo aguantar de pie hasta la media parte, a la que llegó solo 4 puntos por debajo en el marcador.

Los de Scariolo se habían visto muchas veces antes en situaciones como aquella. No era el caso de Eslovenia, que solo una vez antes, hacía por entonces ya casi diez años, había disputado unas semifinales de Eurobasket. Luka Dončić tenía 10 años y vio por televisión cómo la España de Pau Gasol se proclamaba campeona. La misma España que, ahora, en el vestuario, organizaba estrategias para desactivar a aquel ya no tan niño que les estaba avasallando con su juego a lo «Magic» Johnson. Scariolo, el seleccionador español, lo dejó claro: «Son solo cuatro puntos. Tenemos que evitar como sea que se nos alejen. Hagamos lo que sabemos hacer».

Pero no hubo manera. Durante la segunda parte, Luka, Dragić y compañía descosieron la defensa española hasta una ventaja final de 20 puntos. Aquella vez, la experiencia del ganador no pudo con el juego desatado y lleno de entusiasmo de aquellos eslovenos soñadores y aquel americano recién llegado que estaba viviendo un sueño loco y maravilloso. De camino al vestuario, Anthony Randolph se abrazó a Luka, mientras repetía.

—*This is unbelievable. This is... a dream.*

En la final se dieron cita con Serbia, la otra gran favorita en las apuestas junto a la ya eliminada selección española. Eslovenia se había colado en una fiesta a la que nadie le había invitado. El partido se jugó sobre el alambre. Eslovenia, gracias a su tridente estelar, se mantuvo por encima en el marcador durante los dos primeros cuartos con unas ventajas que no permitían descuido alguno.

La reanudación del partido, tras una primera parte ajustadísima, empezó de la peor manera posible. Ocurrió, en fin, un pequeño accidente. Uno de esos errores en la gramática de lo rutinario. Luka saltó para poner un tapón y aterrizó sobre el pie derecho de Anthony Randolph. Aquel gesto antinatural de aterrizar sobre algo que no debería estar ahí provocó un desgarro que Luka sintió que le subía desde el talón, trepaba por su espina dorsal y explotaba en su cabeza. Cayó al suelo inmediatamente, quebrado por el dolor. Mirjam y Saša, sus padres, y Ana María, su novia, se asustaron en la grada. Luka les hubiera tranquilizado con una sonrisa, pero en aquel momento el dolor quebró sus ganas de sonreír.

El pequeño Luka había caído en combate, y Bogdanović, la estrella serbia, lo aprovechó para poner a su equipo por delante en el marcador. Dragić empezó a asumir las responsabilidades propias y las de Luka, y consiguió mantener a Eslovenia dentro del partido cuando llegaba a su recta final. Sin embargo, aquel esfuerzo le estaba pasando factura, y los errores y las imprecisiones empezaron a llegar. Dragić empezaba el último cuarto arrastrando el corazón y los pulmones por el suelo, con las reservas del depósito agotadas, como un náufrago a punto de darse por perdido.

Quedaban poco menos de diez minutos y Kokoskov, el seleccionador esloveno, veía con desolación que ya no podía contar con sus dos mayores estrellas: Luka estaba lesionado y Dragić estaba fundido. Después de fallar su enésimo lanzamiento de aquella noche en la que había dado el callo como nadie, Goran Dragić veía como Serbia ampliaba su ventaja y no podía hacer nada para evitarlo.

Kokoskov vio que solo quedaba una solución, una hasta entonces inesperada.

—Goran, siéntate.

Aquella final, de repente, tenía unos protagonistas inesperados: Murić, Prepelić, Blažić y Nikolić, los fieles escuderos del trío letal, salieron a cancha acompañados por Anthony Randolph y con un cuchillo entre los dientes cada uno, dispuestos a ganar aquella última batalla. El partido perdió el brillo de la técnica y ganó el resplandor de la épica. Donde al principio había triples acertados y grandes penetraciones, ahora había imprecisiones, codazos por el último rebote, faltas forzadas y juego trabado. Puro barro, el entorno natural de los auténticos ganadores.

Y ahí, otra vez, volvió a imponerse el entusiasmo de Eslovenia. Contra todo pronóstico, los secundarios de Eslovenia, liderados por un gran Prepelić, le dieron la vuelta al marcador y llegaron al último minuto con una ventaja de ocho puntos. Eslovenia, la pequeña Eslovenia, se sabía virtualmente campeona de Europa. A falta de diez segundos, Luka abrazó a Goran y le dijo:

—Dime que esto no es un sueño.

Dragić sonrió y miró a su alrededor. El público esloveno que llenaba el pabellón gritaba y aplaudía con todas sus fuerzas. En ese momento sonó la bocina señalando el final del partido y, súbitamente, sobrevino una explosión de confeti de color verde. El color de su selección. Goran Dragić sonrió, feliz, y respondió:

—No, Luka, no es un sueño.
Somos campeones de Europa.

LA PREGUNTA

A aquel campeonato de ensueño le siguió un verano de descanso. Un tiempo necesario para que las lesiones se recuperasen, los recuerdos se ordenasen y las emociones se desinflamasen. Entrando en el otoño, volvieron los entrenamientos, luego los partidos amistosos y más tarde los oficiales. La vida seguía su curso.

La siguiente anécdota ocurrió a finales de septiembre. Mirjam miraba por la ventana del salón los tonos liláceos, tornasolados, del cielo en el anochecer de Madrid. Se había trasladado a la capital española un par de años atrás, cuando Luka empezó a ser un habitual en el primer equipo. Al principio había sido un poco difícil acostumbrarse a aquella nueva ciudad, pero volver a estar con su hijo compensaba aquello que había dejado atrás: sus negocios, sus amigos, sus rutinas, su país y sus paisajes...

Mirjam vio a Luka caminando por la calle, a lo lejos, y dijo:

—Por ahí viene.

Por la ventana se asomó Saša. El padre de Luka se había presentado allí sin avisar. A Mirjam no le entusiasmaba esa clase de sorpresas, pero comprendía que su exmarido quisiera pasar un tiempo junto a Luka. Se habían separado cuando Luka tenía nueve años, pero siempre supieron entenderse por el bien de su hijo. Cuando Luka vio a su padre asomado a la ventana junto a su madre, subió corriendo a su encuentro. Padre e hijo se fundieron en un abrazo. Mirjam dijo:

—¿Te quieres quedar a cenar?

Saša, por supuesto, aceptó. Durante aquella velada, que a los tres arrastraba inevitablemente a la nostalgia, se sucedieron los recuerdos de Liubliana y sus verdes paisajes, y las bromas íntimas de entonces, que se habían quedado fosilizadas en la memoria de Luka y que él ni siquiera había vuelto a recordar hasta aquella noche. Y, claro, también hablaron de ese verano de locura que acababa de terminar y todavía ardía en sus corazones.

—Cuando vi que íbamos a ganar no podía creérmelo. Le pregunté a Dragić si estaba soñando —dijo Luka.

—Estuvisteis impresionantes. Todo el equipo —dijo Saša.

—Sí, todos —dijo Luka sonriendo.

—Primer campeonato de selecciones al que vas, y lo ganas, y encima entras en el quinteto ideal. Te habrás quedado a gusto —rio Saša, y dio un codazo cómplice a su hijo, que sonrió también.

—No ha estado mal —respondió Luka. Sus ojos brillaban.

—Ahora prepárate para liderar al Real. Sin Llull, el equipo te va a necesitar —dijo su padre.

—Hay muchos jugadores...

Saša detuvo a su hijo con un leve gesto con la mano.

—Hijo, lo quieras o no, ahora todo el mundo te va a mirar a ti. Acabas de hacer algo enorme, y la gente querrá más. Hagas lo que hagas, hablarán de ti.

—Haré lo que tenga que hacer, papá. No me importa lo que digan de mí.

—Recuerda que esto, al final...

—... solo es un juego. Lo sé, papá. Y eso es lo único que me importa.

Saša sonrió y apoyó una mano sobre el hombro de su hijo.

—Espero que tu espalda pueda con ese peso.

Ya en los primeros meses de competición oficial, Luka demostró a su padre que podía cargar con el peso de esa responsabilidad. Fue el líder del Real Madrid en los partidos de liga local y europea, llegando a conseguir 41 puntos de valoración en Euroliga contra el Armani Milán. Sus impresionantes actuaciones, con su reciente oro en el Eurobasket y su liderazgo en esa nueva campaña del Real Madrid, pusieron el nombre de Luka entre los favoritos para ser una de las primeras elecciones del draft de la NBA. En esa lotería en la que los equipos de la mejor liga del mundo escogen a los nuevos talentos que incorporarán a sus plantillas, Luka era una de las piezas más deseadas... si decidía presentarse, claro.

Y eso, de repente, se convirtió en el asunto del que todo el mundo hablaba. La leyenda de Luka Dončić había dado un salto en popularidad después de su gesta veraniega, y su nombre y apellido ya era conocido por todos en España, y no solo por los aficionados al deporte de la canasta. Todos habían constatado que estaban ante un fenómeno indiscutible, sin fisuras. Durante aquellos meses de finales del 2017 y principios del 2018, la afición madridista sintió algo parecido a lo que había sentido Mirjam años atrás, cuando recibió la llamada de Alberto. Alguien quería llevarse a Luka lejos de Madrid, y sus hinchas lo disfrutaban al mismo tiempo que se hacían a la idea de lo mucho que lo echarían de menos... si decidía presentarse, claro.

Ahora que había alcanzado la mayoría de edad, los periodistas hacían cola para poder entrevistar al muchacho y hacerle siempre la misma pregunta:

—¿Te vas a presentar al draft?

Luka sonreía y suspiraba, paciente, y daba alguna respuesta que fuera poco convincente. Sencillamente porque no lo tenía claro y no quería pensar en eso. Era una distracción inútil. Sin embargo, a veces parecía que a la prensa le interesaban más las distracciones inútiles que el juego.

Responder una y otra vez a preguntas intrascendentes era un lastre mucho más fatigoso que la responsabilidad de liderar al Real Madrid. A fin de cuentas, para lo segundo solo hacía falta jugar. Y eso le encantaba.

✳ ✳ ✳

Estamos a principios de abril de 2018. Llull había vuelto a entrenar con el equipo desde hacía poco tiempo. Tras su grave lesión del verano anterior, había pasado por un largo y difícil periplo para volver a aparecer en una convocatoria de Pablo Laso. Ese feliz día estaba cerca (de hecho, solo quedaban dos semanas para ello), pero aún parecía lejano, muy lejano. Llull y Luka estaban sentados en camillas contiguas en la enfermería de la Ciudad Real Madrid, siendo atendidos por los fisioterapeutas del club blanco. Luka había cogido su teléfono móvil para responder un mensaje, y eso le llevó a entrar en una red social, y cuando quiso darse cuenta, en el salto de un like a un perfil y de un perfil a un comentario y de ahí a otro perfil y luego a otro like, estaba mirando las fotografías del perfil de su compañero y maestro, Sergi Llull, que estaba a su lado, charlando con el fisioterapeuta que le estaba aplicando hielo en la rodilla.

Luka se fijó en una fotografía que Sergi había subido a su red social el 22 de junio de 2016, casi dos años atrás. Era un selfie de Llull en el vestuario, con el resto del equipo, después de ganar la liga. Su sonriente rostro, en primer plano, aparece recortado por la boca. Detrás de él, a la derecha, Rudy sonríe y Nocioni levanta el pulgar. A la izquierda, el Chacho casi desaparece de plano detrás de Ayón, que está envuelto en la bandera de México, y Felipe muestra su aniñada sonrisa de veterano. A su lado, justo en el centro de todos ellos, Willy Hernangómez sostiene el trofeo de campeón junto a otros compañeros, entrenadores y directivos. Detrás de todos ellos, en último plano, la sonrisa lejana, casi indistinguible, de un Luka dos años más niño.

—¿Te acuerdas de esta foto? —le preguntó a Llull, enseñándole la pantalla de su teléfono móvil.

—¡Claro que me acuerdo! Fue después de ganar la liga de 2016 —sonrió Llull—. ¡Qué buen recuerdo! A ver si este año puedo repetirla.

—Ojalá —sonrió Luka—. Pero ya no estará el Chapu.

—Ni el Chacho. Ni algún otro. Es ley de vida. Y a lo mejor el año que viene no estarás tú.

—A lo mejor. A lo mejor me retiro —dijo Luka.

Ambos se rieron.

—No te voy a hacer la pregunta de rigor —dijo Sergi.

—Te lo agradezco. Estoy harto de que solo me preguntan por el draft. Que si me presento o no. Es lo único que parece importar —dijo Luka.

Ambos permanecieron en silencio.

Pocos días después de aquella conversación en la camilla de masajes, Luka decidió responder definitivamente a la pregunta de los últimos meses:

—Sí, me presento al draft.

Alberto, su primer gran valedor en el Real Madrid, fue de los primeros en conocer la decisión de Luka. Poco después, comentó el asunto con Pablo Laso. No quisieron dramatizar, ni tampoco adelantarse a los acontecimientos. Estaban en el tramo decisivo de la temporada y había que mantener la cabeza centrada. Ambos coincidían en que Luka podría manejar aquello sin problema. Alberto zanjó la cuestión con una reflexión. Un pensamiento que nacía de su corazón de aficionado, y no de su cerebro de directivo:

—Disfrutemos de su magia antes de que se la lleven.

FOTOGRAFÍAS

Desde que se hizo pública la decisión de Luka, la afición madridista vivió el tramo final de temporada como se viven los amores de verano. Como algo maravilloso y perfecto, pero fugaz, con un final inevitable e inminente. El juego de Luka, los besos de sus triples con la red, despertaban en los hinchas un cosquilleo, como si miles de mariposas aleteasen en sus estómagos, algo parecido a esa felicidad chisporroteante tan propia del amor, mezclada con el vértigo a perder ese amor más pronto que tarde.

Esa sensación de melancolía por saber que la magia de Luka se iba a ir lejos se filtró en las conversaciones sobre baloncesto. En programas radiofónicos, televisivos, en bares o tertulias de mayor o menor calado, siempre aparecía el nombre de Luka y, a su alrededor, los mismos interro-

gantes: ¿qué posición ocuparía en el draft?, ¿lograría cul-
minar su etapa en Madrid con algún título importante? Y,
sobre todo, ¿existía alguna manera de retenerle o, si no, de
reemplazarle?

Qué rabia daba saber que no.

La primavera maduraba. Los días se iban alargando
poco a poco y cada jornada acercaba un poco más el final
de este capítulo en la leyenda de Luka. Ese que empezó
años atrás, con los codazos y los murmullos de asombro
cuando lo veían jugar con otros niños en los descansos de
los partidos del Olimpia de Liubliana. Ese que le llegó un
tiempo después a Alberto:

«*Su nombre es Luka y tiene doce años. Domina los
partidos contra chicos de quince. Posee una excelente lectura del juego, y sabe generarse sus propios
tiros. Es bueno reboteando y asistiendo, y tiene un
lanzamiento exterior demoledor. Pero nada de todo
eso es lo mejor. Lo mejor es verlo jugar, porque es
como ver un espectáculo de magia. Cuando este chico tiene la pelota en sus manos, nunca sabes lo que
va a pasar, pero sabes que el truco va a salir bien.*»

Esa leyenda que continuó rompiendo la barrera de precocidad en el primer equipo, anotando un triple en su primera posesión con el Real Madrid. Esa leyenda que también

escribió algunas páginas tristes, como las finales perdidas, o las despedidas de algunos compañeros, rostros que son sustituidos por rostros nuevos y que se guardan en los cajones de la memoria.

Después de todo ese trayecto, el niño de sonrisa tímida que llegó con doce años se había convertido en una superestrella de diecinueve que dominaba el baloncesto europeo a su antojo. Con Luka en la cancha, se jugaba a lo que él quería. Si Luka decidía correr, el equipo corría; si se detenía a ordenar la jugada, todos iban con él. Los mismos compañeros que habían ayudado a cincelar su juego, sus maestros, eran entonces los que le seguían, sus escuderos. Los mismos adversarios que unos años atrás sospechaban de la juventud de Luka, eran entonces los que se sabían a su merced. Esa era su dimensión real, la que tenía entre el resto de jugadores. Temido y adorado, siempre en el punto de mira.

Luka Dončić todavía tenía su niñez en los talones, todavía era capaz de evocarla sin dudar ni especular. Todavía era capaz de recordar con nitidez sus sueños de infancia, aquellos que transcurrían bajo la custodia de Dirk Nowitzki, Kobe Bryant o LeBron James, estampados en los pósters de su habitación. Y, sin embargo, él ya era uno de esos jugadores de póster que salvaguardaban los sueños de muchos niños aficionados al baloncesto. Y de otros no tan niños, como Zoran, su antiguo compañero en el Olimpia.

Era el 20 de mayo de 2018, y Zoran observaba el póster de su amigo Luka colgado en la pared. Aparecía el número 7 driblando frente a un jugador del Barcelona que se resbala, con la cintura quebrada por el rápido movimiento del esloveno. Zoran apartó la mirada del póster y puso la televisión. Buscó el canal donde se emitían los prolegómenos de la final de la Euroliga, que estaba a punto de empezar. Se celebraba en Belgrado y enfrentaba al Fenerbahçe turco de Željko Obradović, el entrenador con más títulos europeos de la historia, contra el Real Madrid de su viejo amigo Luka, que acababa de ser nombrado el mejor jugador de la competición.

Zoran se acomodó en la cama y llamó a Goran, por esa vieja costumbre de ver juntos los partidos del Real Madrid que empezó cuando Luka debutó con el equipo blanco. En aquella época, Goran estaba estudiando en la universidad y se había trasladado a vivir a otra ciudad de Eslovenia, mientras que Zoran había empezado a entrenar con los jugadores del primer equipo del Olimpia y esperaba debutar pronto en algún partido de liga. Ambos tenían 19 años y se enfrentaban a ese momento en que, como las serpientes, has de cambiar de piel para convertirte en otra cosa. De los niños que fueron a los hombres que serán. Ambos, desde sus respectivos hogares, observaban por televisión al recién nombrado MVP de la Euroliga y veían al niño que ellos conocieron.

—¿Quién crees que ganará? —preguntó Zoran.

—Ya sabes lo que digo siempre: tú apuesta por lo que quieras, pero yo siempre voy a apostar por Luka.

Goran y Zoran se rieron. Aquella frase se había convertido en una coletilla habitual en sus conversaciones desde aquella primera vez, el cada vez más lejano día de su debut en el primer equipo.

El experto y sabio Obradović, sabiendo que su Fenerbahçe tenía menos poder en ataque, planteó la final como una tela de araña. Željko quería dificultar el juego alegre de los de Pablo Laso, pero el entrenador español consiguió encontrar las brechas en ese sistema defensivo. Con Luka como catalizador de sus sistemas de ataque, Tavares y Reyes martillearon desde la zona mientras que desde el triple castigaban Causeur, Rudy y Llull, que había culminado su larga recuperación y que, con su participación en aquella final, ya había logrado la mayor de sus heroicidades en el equipo blanco.

Así, como una partida de ajedrez, los poderes de un equipo y otro se contrarrestaron para llegar a los minutos finales del partido con el alma en un puño, con el Real Madrid en todo momento por delante, pero con el Fenerbahçe siempre cerca, pendiente de cualquier debilidad de los blancos.

Pero esa debilidad no llegó, como no había llegado en

ningún momento de aquella Euroliga. El marcador final: 85-80 a favor de Luka y los suyos. El Real Madrid había conquistado su décima Copa de Europa.

Después de levantar la copa y festejar el triunfo con los aficionados madridistas que se habían desplazado a Belgrado, los jugadores entraron en el vestuario y Pablo Laso los reunió en una piña, un enorme abrazo comunal que felicitaba a todos y, al mismo tiempo, les avisaba de no relajarse, pues aquella temporada aún debía sellarse con una victoria liguera. Las felicitaciones y los mensajes de alegría inundaban el ambiente de sonidos telefónicos, pero Sergi Llull se hizo oír entre la algarabía y el frenesí tecnológico.

—¡Chicos! ¡Ha llegado el momento de la foto!

El selfie de Sergi con todo el equipo era una de esas costumbres que se habían instaurado en el club desde hacía un tiempo. La fotografía que hizo Llull tenía algunas similitudes con la de la liga de 2016. En ambas, como es de esperar, aparece Sergi en primer plano, con el rostro recortado por abajo. En ambas está Rudy inmediatamente después, a su izquierda. En ambas, Pablo Laso y Florentino Pérez, el presidente del club, aparecen casi en el centro, un poco escorados a la derecha. En ambas, Carroll aparece a la izquierda, con idéntica sonrisa. En ambas, Luka aparece en último plano. En ambas fotografías la felicidad se respira en cada milímetro.

Pero también había diferencias, muchos rostros habían cambiado. Cuando Sergi miró la fotografía, antes de subirla a la red social, se la enseñó a Luka.

—Al final, he podido repetir la foto —le dijo Llull, mientras Luka sostenía el teléfono de su compañero y miraba la estampa.

—Me encantan tus selfies. Están llenos de alegría —dijo Luka.

—Pues tendremos que ganar la liga para repetirlo. Antes de que te vayas —sonrió Llull.

Luka le devolvió el teléfono y le dio un gran abrazo a su maestro. Después, Sergi subió la fotografía a sus redes sociales con un mensaje muy breve:

Campeones de Europa!!!
La décima se vuelve para casa!!!

Después de la victoria en la Final Four de Belgrado, Luka aún tenía por delante la posibilidad de despedirse del Real Madrid con un doblete, una hazaña que lo colocaría inmediatamente entre los nombres más ilustres de la historia del club. De modo que, aunque todos tenían ganas de gran-

des celebraciones, los fastos debían esperar hasta que terminara la liga.

Los playoffs cruzaron al Real Madrid contra el Tenerife en cuartos y el Gran Canaria en semifinales, en una secuencia de partidos en los que Luka Dončić y sus compañeros pasaron por encima de sus rivales, a veces desde el oficio, a veces con aplastante superioridad. En la final se las vieron con el siempre difícil Baskonia. El equipo azulgrana, con Tornike Shengelia a la cabeza, dio la sorpresa en el primer partido y ganó en la pista de los blancos. Fue uno de esos pocos malos partidos que a veces jugaba Luka, en los que la pelota se resistía a entrar.

Pablo Laso no dio a sus chicos la oportunidad de lamentarse, porque no había por qué. Era una final al mejor de cuatro, y quedaba todo por decir. Después del primer tropiezo, sus pupilos remontaron la eliminatoria y la pusieron 2 a 1 a su favor. El cuarto partido se jugó a las nueve de la noche del martes 19 de junio en el Buesa Arena, el pabellón del Baskonia. El equipo vasco apretó las tuercas de los muchachos de Laso, pero no logró superarles en el marcador al final de la primera parte. En la segunda parte, viendo que el campeonato se les escapaba definitivamente y que estaban físicamente exhaustos, los jugadores del Baskonia intentaron la épica. Empezaron a emplear un juego realmente duro, elevando la tensión entre los jugadores, que en cada posesión terminaban en el suelo enzarzados en una batalla a muerte por la pelota. El barro era su única opción, y en esa guerra animal consiguió acercarse hasta ponerse a solo dos puntos del Madrid a falta de dos minutos y medio. Los chicos del Baskonia habían convertido el parqué del Buesa Arena en una brasa, y las gradas eran una caldera en ebullición. Todos allí sabían que era cuestión de vida o muerte, todos sabían que, si lograban empatar el partido a esas alturas, la presión podría derrumbar los esquemas de Pablo Laso.

Estaba siendo un mal partido de Luka. Los chicos del Baskonia habían podido controlarle durante la final, a la que había llegado con el depósito de energías totalmente vacío, y no estaba firmando sus números habituales. Justo después de ponerse a solo dos puntos, los azulgrana empezaron una defensa asfixiante, echándose encima de cada jugador madridista que se encontraban. Aquella posesión era vital para su estrategia. Si conseguían presionar a los de Laso hasta el punto de hacerles perder el tiempo de la posesión, los vascos estarían en disposición de ponerse por delante por primera vez en todo el partido.

Rudy consiguió entrar en la zona vasconista a falta de tres segundos para el final de la posesión y, como de nuevo se le estaba echando encima otro jugador, sacó la pelota de nuevo hacia fuera cuando quedaba solo un segundo y medio. La pelota llegó a manos de Luka, que necesitó menos de un segundo para zafarse de su defensor con un bote dirigido y lanzar un triple inverosímil a una mano. La pelota se despegó de él a falta de solo dos décimas de segundo para el final de la posesión.

El lanzamiento entró. El Buesa Arena se enfrió como si hubiera explotado una bomba de hielo. El sueño del Baskonia de alargar la serie se ahogaba. Era un náufrago que había vislumbrado tierra antes de que se lo llevara la gran ballena blanca.

El Real Madrid terminó once puntos arriba. Había ganado la liga. Había conseguido el doblete.

Para Pablo Laso y sus muchachos había llegado, por fin, el momento de la celebración, de paladear a gusto el dulce sabor del éxito. En el vestuario, Sergi Llull organizó a todos para su fotografía selfie en la que, como era habitual aparecía su rostro en primer plano, el de Rudy justo detrás, y el de Pablo Laso y Florentino Pérez en el centro, entre el resto de jugadores y entrenadores. En este caso, Luka no aparecía en el fondo, sino en un lado. Sergi, Luka, Rudy y otros compañeros se arremolinaron en torno al teléfono móvil del menorquín para contemplar la fotografía antes de subirla a las redes sociales. Una mano acarició la cabeza de Luka, que se volvió. Era Pablo. Luka se abrazó a su entrenador.

Pablo era un tótem para Luka. Era un emblema protector, un hombre de hierro que era capaz de echarse encima toda la presión del entorno para liberar de ella a sus muchachos. Un tipo que siempre caminaba recto, digno, que no renqueaba jamás. Que no tenía miedo de hacer jugar a un niño entre adultos profesionales si veía que el juego le daba la razón. Que no dudaba en exigirle la profesionalidad a quien no tenía edad para ello, pero sí la capacidad. Cuando Luka se apartó de Pablo, vio que sus ojos estaban empañados de lágrimas. No lo recordaba haber visto antes así. No tan cerca.

—Ha sido un honor entrenarte —dijo Pablo. Su sonrisa le iluminó el rostro.

Luka había aprendido muchas formas de expresar lo que sentía en español. Su español, de hecho, era casi tan fluido como su esloveno, pero en ninguna lengua hubiera encontrado las palabras adecuadas para expresarle a Pablo Laso la gratitud y el cariño que sentía hacia él. Desde bien pequeño había aprendido que la mejor manera de parecerse a un referente es copiándolo, y Luka tenía en Pablo a uno de sus mayores referentes. De él había aprendido a comportarse en muchos sentidos, a dar forma al hombre en que se estaba convirtiendo.

—Ha sido un honor aprender de ti.

UNA NOCHE
EN NUEVA YORK

Luka no asistió a las celebraciones del club porque tuvo que volar a Nueva York al día siguiente de conseguir el título liguero. Allí, en el Barclays Center de Brooklyn, se iba a celebrar el draft de la NBA. En esta lotería donde los equipos de la mejor liga del mundo escogen a sus nuevos talentos, el nombre de Luka Dončić era de los más populares. Aunque había otros jugadores que destacaban por sus condiciones físicas o por el talento demostrado en las ligas universitarias, los directivos de todos los equipos sabían que no había ningún otro jugador de esa edad que tuviera un expediente a la altura del mago esloveno.

La llegada a la ciudad que nunca duerme fue tranquila, sin sobresaltos. Luka fue acompañado de Mirjam y un pequeño séquito de personas allegadas. En aquel momento, Luka era un desconocido para los aficionados norteamericanos, y cualquiera que lo viera caminando por las calles de la gran manzana lo habría confundido con un universitario californiano que acababa de llegar allí para pasar unas vacaciones.

La gala del draft tuvo lugar la noche siguiente a su llegada. Cuando Luka entró en el enorme pabellón de los Brooklyn Nets, ataviado con un elegante traje negro, camisa blanca y corbata gris, comprendió al instante la enorme dimensión del mundo que le esperaba a partir de entonces: decenas de miles de personas abarrotaban las graderías, y en la cancha se apelotonaban las mesas en las que los principales jugadores presentados al draft esperaban, en compañía de los suyos, a que dijeran su nombre.

El encargado de esa ilusionaste labor era Adam Silver, el comisionado de la NBA. Era un señor calvo como una bola de billar, delgado y con gafas, que hacía ya unos años que se encargaba de dirigir la liga y todo lo que tiene que ver con ella como, por ejemplo, anunciar los nombres del draft.

Cuando Mirjam observó que la mesa que les habían asignado estaba muy cerca del escenario donde estaba Adam Silver, sintió un escalofrío.

—Estamos delante del todo —le dijo a su hijo—. Eso es bueno, ¿no?

Luka levantó los hombros. No tenía ni idea. Se sentía como un extraterrestre en Nochevieja, desorientado y un poco asustado.

Adam Silver comenzó a anunciar las elecciones del draft desde la primera posición. En este caso, la primera elección fue para los Phoenix Suns, que se decantaron por un joven espigado llamado DeAndre Ayton, que había estudiado en la Universidad de Arizona, en el mismo estado que Phoenix, y que, decían, tenía el potencial para convertirse en un pívot dominante. En la segunda posición, los Sacramento Kings eligieron a Marvin Bagley III, de la prestigiosa universidad de Duke, un jugador de idénticas características al primero. Jugador alto, rápido, con potencial... ambas eran elecciones típicas en altas posiciones del draft, en las que suelen buscarse los físicos dominantes antes que los talentos.

Llegó el turno de los Atlanta Hawks, en tercera posición. Adam Silver anunció la elección del equipo de las águilas:

—Con la tercera elección en el draft de la NBA de 2018, los Atlanta Hawks seleccionan a... ¡Luka Dončić!... de Liubliana, Eslovenia, y del Real Madrid.

El Barclays Center explotó en un aplauso. Luka se levantó y abrazó a Mirjam y al resto de su séquito y después agarró la gorra roja de los Hawks que una chica de la organización le ofrecía. Subió al escenario con la gorra de Atlanta bien calada y le dio la mano al comisionado, que le felicitó por su alta posición en el draft. Entre los aplausos y los vítores del pabellón, otro de los favoritos, Trae Young, observaba en silencio cómo su futuro equipo elegía a Luka en su lugar.

Pocos instantes después, Adam Silver anunció las siguientes elecciones. En el número cinco, los Dallas Mavericks eligieron a Trae Young. El menudo y talentoso base de la Universidad de Oklahoma se caló la gorra azul de los Mavericks y subió al escenario a saludar a Adam Silver.

En aquel momento, ni Luka ni Trae lo sabían, pero sus destinos se iban a cruzar. Antes de terminar la gala, ambos supieron la noticia. Los Hawks y los Mavericks se intercambiaron las elecciones. El menudo y eléctrico base jugaría en Atlanta, mientras que el mago esloveno jugaría en Dallas, la casa de Dirk Nowitzki.

Luka seguía el camino de sus héroes. Sus sueños de infancia se estaban haciendo realidad uno detrás de otro, antes de que pudiera ni siquiera creérselo.

CUARTA PARTE: EL SUEÑO AMERICANO

WELCOME TO THE JUNGLE

La sala de actos del hotel Sheraton, en Nueva Jersey, era gigantesca y estaba iluminada por una tenue luz anaranjada. Luka y el resto de sus compañeros de promoción se habían distribuido a lo largo de varias filas de mesas cubiertas de tela negra. Sobre el escenario, un potente foco de luz blanca iluminaba a un exjugador de la NBA que había militado en los Detroit Pistons en los años 90. Eran las cuatro de la tarde, y aquella era la enésima charla de la última jornada del *Rookie Transition Program*, que había empezado a las nueve de la mañana. Había pasado una hora desde el parón para comer, y la digestión empezaba a hacer mella en la concentración de Luka. Los párpados se le cerraban y, de repente, sobrevino una cabezada involuntaria. Se estaba quedando dormido. Trae Young, que estaba sentado detrás, vio la cabezada de Luka y se rio discretamente. Le dio un golpecito con el pie, y Luka se volvió hacia él. Trae, sonriendo, le murmuró «*Wake up!*». Luka sonrió y se recompuso. Suspiró y agarró la libreta con el perfil de Jerry West dibujado en el centro que le habían regalado el día anterior. Echó un vistazo a sus apuntes.

Por la mañana, una serie de conferenciantes se había encargado de responder a todas esas preguntas que, quizá, los nuevos jugadores de la liga nunca se habían hecho hasta entonces. ¿Cómo debo administrar el dinero que voy a ganar? ¿Cómo debo gestionar mi imagen pública y mis redes sociales? ¿Qué organizaciones hay alrededor del infinito organigrama de la liga? El imaginario de Luka se expandía a marchas forzadas, se llenaba de conceptos nuevos que se agolpaban uno detrás de otro: la asociación de jugadores, la asociación de madres de jugadores, la asociación de árbitros, el tope salarial, el impuesto de lujo, las numerosas cláusulas de los contratos, los derechos de imagen y un sinfín de tecnicismos que no había escuchado nunca antes. Cuanto más sabía, más preguntas se hacía. Sobre el escenario, el jugador retirado hablaba enérgicamente:

—... algunos de vosotros estaréis pensando que os estamos tratando como a críos. Tenéis motivos para ello. Algunos habéis llegado hasta aquí después de años picando piedra en la Liga de Desarrollo, o en otras ligas nacionales.

Otros habéis llegado hasta aquí después de cuatro años de universidad, otros os habéis saltado todo eso. Sea cual sea el caso, todos tenéis que escuchar esto: habéis entrado en uno de los clubs más selectos del planeta, y tenéis que comportaros como tal. Millones de personas juegan al baloncesto, pero en la NBA solo hay sitio para poco más de cuatrocientas. Se trata, pues, de estar a la altura. Y no hablo solo de números, de puntos por partido, asistencias y todo eso. No. Hablo de estar a la altura de lo que significa ser un jugador NBA. Podéis ignorar todo lo que os han contado durante estos días, podéis pensar que lo tenéis todo clarísimo y escuchar solo a aquellos que os dicen lo que queréis oír. Yo cometí ese error, desoí todo lo que me dijeron en este curso, no tuve en cuenta que una carrera NBA dura, si tienes muchísima suerte y las lesiones te respetan, hasta los treinta y poco, y que luego la vida sigue. Y hay un momento en que la vida se cobra las facturas que la inconsciencia ha firmado, no sé si me entendéis...

En la sala reinaba un silencio atronador. El jugador retirado carraspeó y se rascó la barba.

—Gané mucho dinero en esta liga, y años después de retirarme, me vi en apuros económicos. ¿Cómo pudo suceder? Es difícil de decir. Imagino que quería gustar a todas esas personas que solo me decían lo que quería oír. Y esas

personas, cuando no tuve nada para darles, desaparecie-
ron.

Luka oyó que alguien, a su derecha, soltaba un bufido.
Miró en derredor y contempló una serie de rostros pen-
sativos, quizá confundidos. Caras de muchachos barbi-
lampiños que apenas habían salido de su pequeña ciudad y
ahora sentían que los habían abandonado en medio de una
jungla. Todos y cada uno de ellos serían sospechosos desde
el momento en que pisaran la liga, porque inevitablemente
le quitarían el puesto o los minutos a un compañero que
había llegado antes. A otro animal competitivo que, indu-
dablemente, luchará con todas sus armas por su puesto en
la rotación.

—¿Sabéis lo que más me dolió de todo aquello? —decía
el conferenciante— Saber que todo había sido culpa mía,
porque, os lo juro, estaba avisado. Como os estoy avisan-
do yo ahora. Vais a ser el centro de muchas dianas, más
de las que ahora mismo os imagináis, y es muy fácil que se
aprovechen de vuestras debilidades. Por eso debo insis-
tir: tenéis que estar a la altura. Confiad en el consejo de
profesionales, delimitad bien vuestro círculo de confianza,
pedid la ayuda y el asesoramiento que necesitéis a la liga,
a la asociación de jugadores… tenéis muchas herramientas
a vuestra disposición para hacer lo correcto. Para ser un

ejemplo para vuestra comunidad, para contribuir a hacer esta liga más grande y mejor. Ser un jugador NBA no es solo coger rebotes o meter tapones, es ser un modelo a seguir.

El exjugador enfatizó esta última frase y luego dio las gracias. Los rookies aplaudieron. Aún quedaban un par de charlas más y la despedida del curso de transición a la NBA. La última conferenciante, una ejecutiva del departamento de operaciones de la liga, les dio los últimos consejos, y a eso de las siete y cuarto de la tarde, subieron las luces de la sala de actos del Sheraton, invitando a los asistentes a salir de allí. Los jugadores se levantaron, algunos empezaron a despedirse de sus compañeros. Luka, sentado en su silla, miraba el logo de la NBA en la portada de aquella libreta en la que había apuntado más conceptos de los que podría recordar, absorto ante la dimensión de todo lo que estaba por venir. Una mano le tocó el hombro. Era DeAndre Ayton, el número 1 del draft. Se despidió de él: «Nos vemos pronto». Luka, en su inglés imperfecto, le respondió: «Sí, nos vemos en la cancha». Luka se incorporó y le estrechó la mano, y después se despidió de otros compañeros de curso. Pensó en que algunas de aquellas caras, algunos de esos nombres, iban a aparecer recurrentemente en los siguientes capítulos de su vida. Por primera vez, no sentía que era el más joven, ni el más inexperto. A su alrededor había risas de incredulidad, sueños inflamados de niños que no saben que se meten en la boca del lobo.

Había finalizado aquel curso de transición para los nuevos jugadores de la liga, y la agenda de Luka no tenía un hueco libre hasta que terminase la temporada. Los entrenamientos, los partidos de pretemporada, los compromisos publicitarios, los vuelos de acá para allá, las reuniones técnicas y las entrevistas con los medios de comunicación se sucedieron como un torrente de agua despeñándose por el tiempo y, cuando se quiso dar cuenta, Luka estaba alrededor del círculo central de un pabellón donde más de diecisiete mil personas gritaban hasta desgañitarse mientras DeAndre Ayton saltaba por la primera posesión del partido que iba a enfrentar a su equipo contra el del esloveno. El Phoenix Suns contra Dallas Mavericks que inauguraba la temporada 2018-2019 y que enfrentaba, por primera vez de muchas, a Luka contra DeAndre. El número 3 contra el número 1 del draft. El primer partido de la primera temporada de ambos en aquella jungla, la primera prueba para demostrar que merecían estar en ese selecto club.

Desde el plano corto que ofrecía la televisión se podía ver la mirada de Luka cuando botaba la pelota. Goran, su viejo amigo, recordaba esa mirada de depredador desde la época en que jugaron juntos. Sin embargo, la evolución física de Luka le llamaba la atención. Luka siempre había sido alto, pero nunca desgarbado porque era ancho de hombros, pero ahora se le veía compacto, había ganado mucha masa muscular.

—Se ha puesto fuerte —dijo, sin apartar la mirada de la pantalla.

Estaba sentado en el sofá del piso que compartía con Zoran y con otro amigo más en el centro de la ciudad. Era más tarde de las cinco de la madrugada, y en el sofá convivían dos estados de ánimo: Goran veía la retransmisión tomándose un café porque se había ido a dormir pronto y había madrugado para ver el debut de su viejo amigo en la NBA. Zoran, por su parte, había llegado tarde del entrenamiento con el primer equipo del Olimpia y había preferido mantenerse despierto jugando a videojuegos hasta la hora del partido. En este momento, Zoran estaba agotado, y tardó en reaccionar.

—Sí, está fuerte. He leído que se ha tirado no sé cuántos veranos seguidos entrenando en un centro de alto rendimiento, en América. ¡Y esta pretemporada ha entrenado con Stephen Curry y con Kobe Bryant! Por lo visto está aprendiendo a adaptar su juego a su cuerpo para sacarle el máximo rendimiento. En plan super élite, ¿sabes? —dijo Zoran, y luego bostezó y se incrustó un poco más en el sofá.

—Igualito que tú —dijo Goran.

—Vete a la porra.

Ambos se quedaron en silencio mirando el partido. Zoran prestó atención a cómo su excompañero afrontaba la exigencia física de aquella liga, la velocidad del juego y las transiciones. Luka no parecía fuerte, pero lo era: superaba los bloqueos, soportaba los embistes de los rivales por el rebote... Con la pelota en su posesión, y gracias a su excelente manejo, colocaba siempre su cuerpo de forma que nadie pudiera arrebatársela. Sin prisas, pero sin hacer ni un solo movimiento de más, lograba encontrar huecos donde no los había para acercarse a canasta y sacar un tiro o dar un pase. Como había hecho toda la vida.

—Ha cambiado, pero al mismo tiempo no ha cambiado nada, ¿me entiendes? —dijo Goran antes de dar un trago a su café.

—Sí —respondió Zoran—. Juega como siempre, como si fuera fácil.

—Igualito que tú —se dijeron uno al otro al unísono.

Y luego se partieron de la risa.

El duelo entre los Mavericks y los Suns cayó del lado de los de Arizona. Luka hizo un buen debut. Anotó 10 puntos, capturó 8 rebotes y dio 4 asistencias, pero la derrota se le atravesó como una digestión pesada. Los planos cortos de su rostro cabizbajo que ofrecía la televisión no mostraban a un novato ilusionado, sino a un competidor frustrado.

Ese pequeño fuego en la mirada, esas pequeñas cosas que no pasaban por alto a ojos de Andrés Nocioni, que había visto el partido por televisión, sentado en el confortable sofá de piel de su casa de Madrid. El Chapu conocía la liga norteamericana y conocía a Luka, y sabía que el mago esloveno se desenvolvería sin problema en aquella competición. Tenía las facultades y el gen competitivo necesarios. Tal y como habían comentado Goran y Zoran a miles de kilómetros de él, Nocioni también había constatado que, en realidad, nada había cambiado: Luka seguía jugando como muy pocos lo hacían, como si fuera lo más sencillo del mundo. Luka seguía siendo la red de seguridad que hacía mejores a sus compañeros. Nocioni también sabía otra cosa: aquel equipo, en aquella liga, necesitaba con urgencia que Luka fuera el de siempre.

Los Dallas Mavericks asistían, en aquella temporada 2018-2019, a la despedida de Dirk Nowitzki, el mejor jugador de su historia, tras más de veinte años de servicio y un anillo en su expediente. El equipo estaba en plena reconstrucción, y la retirada de su estrella dejaba una vacante vital: Dallas necesitaba un nuevo líder. Alguien que fuera diferente a los demás.

El tiempo de adaptación a esta implacable jungla depende de las hechuras del novato. Algunos necesitan casi una temporada entera para perder el miedo escénico, ganarse minutos y poco a poco empezar a ser importantes en sus equipos. El propio DeAndre Ayton se metió en problemas disciplinarios y no acabó de cuajar en su primera temporada en los Phoenix Suns. Otros necesitan unos pocos meses, quizá hasta el parón de febrero para el All Star, para superar todo ese proceso. Como le ocurrió a Trae Young en los Atlanta Hawks, los rookies alternan buenos y malos partidos hasta que le toman la medida a la liga y encuentran su mejor baloncesto. Y un pequeño grupo de jugadores, los elegidos, necesitan solo uno o dos partidos para convertirse en la estrella de su equipo. LeBron James había sido uno de estos raros ejemplos.

Luka Dončić fue otro.

Había llegado a la liga en un momento en que los sistemas estaban cambiando. Cada vez se tiraba más desde la línea de tres o desde muy cerca de la canasta, y parecía que el juego se había olvidado de la media distancia. Todo aquel terreno que parecía inerte y a casi nadie parecía preocupar alimentó la imaginación de Luka. Su manera de entender el juego, donde cualquier espacio es bueno si es útil, atravesó el sistema imperante como una daga. Como siempre, en realidad: cuando Luka estaba en la cancha, se jugaba a lo que él quería.

Sus números en los primeros diez partidos de competición no se habían visto en un debutante en la

liga desde Oscar Robertson, en los lejanos años 60 del siglo pasado. Ni Bryant ni Jordan ni Duncan ni James alcanzaron sus cifras en puntos, asistencias y rebotes.

Luka había escrito su primera línea en la inmensa y brillante historia de la NBA y en la de su propia y cada vez más grandiosa leyenda. Luka se fue convirtiendo en uno de los animales más temibles en aquella selva repleta de defensores kamikazes, de expertos tiradores, de gigantes, de asesinos de sangre fría y de algún que otro unicornio, donde cada jugador luchaba su propia batalla contra el resto de jugadores, rivales y compañeros, por estar a la altura de tan selecto club. El temor que sobrevenía a todos los que se enfrentaban a Luka era la imposibilidad de responder a una sencilla pregunta: ¿Cómo evito que este chico me haga daño?

La respuesta era un cofre sin llave en el centro de un laberinto: si le dejo tirar, me masacra; si le aprieto en defensa, me sacará falta. O me driblará con algún bote inesperado y un *stepback* que me quiebre las rodillas y me deje en el suelo, perfectamente humillado para la foto. Si soy demasiado alto, me superará en velocidad; si soy demasiado bajo, me arrastrará hasta el poste con su cuerpo de leñador y, en cuanto venga alguien a ayudarme, doblará la pelota al compañero que se haya quedado libre. Por no hablar del *pick and roll*, que Luka domina a la perfección.

Luka era un problema para sus rivales. Era, pues, un tema de conversación. En menos tiempo del que nadie hubiera podido imaginar, ni siquiera los más optimistas, como sus viejos amigos Zoran y Goran, Dončić había dejado de ser visto como un novato prometedor. Muchos le consideraban ya una estrella de pleno derecho.

HOJA DE RUTA

Más o menos en las mismas fechas en que Luka asistía al programa de transición para rookies, antes de que empezara la temporada 2018-2019, la actividad en los despachos de los Dallas Mavericks era frenética. El propietario del equipo, Mark Cuban, reunió a sus personas de confianza en una de las salas de reuniones del American Airlines Center. Desde allí se podía ver perfectamente la pista donde jugaban los Mavericks, con el dibujo de un caballo blanco sobre el\círculo azul central. Las luces de la pista estaban apagadas, y el lugar solo estaba iluminado por la luz blanquecina del videomarcador. Alrededor de la alargada mesa de reuniones, hombres y mujeres escuchaban en silencio al propietario de la franquicia. Mark, sentado en uno de los extremos, movía con vehemencia las manos mientras hablaba.

—Estamos a unos días de empezar la que va a ser la última temporada de Dirk, nuestro líder desde hace dos décadas. Hemos tenido la suerte de conseguir al jugador perfecto para reemplazarlo y, bueno, ya hemos brindado por eso, y esas copas de champán ya nos las hemos bebido, ¿me equivoco? —Mark Cuban rio, el resto de los allí reunidos hizo lo propio—. Bien, pues ahora ha llegado el momento de ponerse a trabajar. Hace años que el proyecto deportivo está acabado y hemos esperado con paciencia a pescar en el momento oportuno. Ahora hemos conseguido un pez grande. Estamos de acuerdo en eso, ¿no? —Cuban miró a su alrededor. Uno de sus asistentes tomó la palabra.

—Su currículum es único. No solo de este draft, sino de la historia de los drafts. Con 19 años ha sido el líder de los equipos campeones de Europa de clubs y de naciones.

—Eso es —dijo Cuban. Una asistente sentada a su derecha leyó un dato en su dispositivo electrónico.

—Ha mejorado sus estadísticas todos los años. Los informes de él desde las etapas inferiores en el Real Madrid son brillantes. Es un jugador hecho y, sin embargo, no deja de evolucionar.

—¡Eso es! —gritó Cuban— ¡Y es nuestro! Nos podemos pellizcar hasta sangrar ¡y no va a dejar de ser real! Bien, entonces todos estamos de acuerdo en que no queremos perder algo así, ¿verdad?

Las personas allí reunidas asintieron.

—Estos años de derrotas no habrán sido en balde si ahora conseguimos rodear a Luka de un buen equipo. Tenemos margen para movernos, ¿verdad?

De nuevo en silencio, todos asistieron.

—¡Eso es! ¡Claro que nos podemos mover! ¡Estamos obligados a hacerlo! —gritó Cuban. Al cabo de unos instantes, ya en un tono más pausado aunque no por ello menos aterrador, siguió hablando—. De modo que, desde ahora mismo vamos a empezar a movernos. Vamos a buscar en todos los equipos de todas las ligas y vamos a llamar a las puertas que hagan falta, ¿está claro?

Asentimiento general.

—Vamos a construir un equipo para que Luka no se canse de perder con nosotros. Me pondría furioso si Luka se cansara de nosotros, ¿está claro?

Asentimiento general.

—¡¿Está claro o no está claro?! —gritó Cuban.
—¡Sí! —respondieron los demás.

—¡Eso es! —Mark Cuban se levantó de su sillón, que presidía la sala de reuniones, y comenzó a caminar de un lado a otro, gritando cosas que nadie entendía.

Los asistentes de Cuban empezaron a trabajar sin descanso hasta dar con la solución. La misión de encontrar a buenos jugadores para rodear a Luka parecía difícil en un equipo deprimido, pues pocos son los jugadores que quieren ir a un equipo perdedor. Sin embargo, el inicio de temporada del mago esloveno, y las expectativas que generaba, ayudó a modificar entre los jugadores la idea que se tenía de los Dallas Mavericks. Con Luka, de repente, apetecía verlos por la tele. Con Luka, de repente, apetecía ir a jugar allí. Después de muchos planes tirados a la basura, de propuestas descartadas y de millones de correos electrónicos, los asistentes de Cuban consiguieron trazar una hoja de ruta. Lo primero era dotar al banquillo de profundidad: fichar a un par de especialistas defensivos y a dos buenos lanzadores exteriores. Lo segundo, y más importante, era encontrar a un buen escudero, una segunda estrella (si eso era posible) o al menos alguien más en quien confiar en los momentos importantes.

El elegido fue el letón Kristaps Porzingis: se trataba del tipo de jugador llamado «unicornio», esa clase de jugadores de más de 2,10 m de altura que corren la pista como un alero y lanzan de tres como un escolta; una pieza singular, muy cotizada, en la jungla de la NBA. Además, su relato guardaba ciertas similitudes con el del esloveno: ambos habían sido descubiertos a una temprana edad y se habían formado deportivamente en el mismo país extranjero, España, jugando en la segunda mejor liga del mundo. En los cajones de la memoria de Kristaps había paisajes, platos, canciones, personajes y películas que también estaban en los recuerdos de Luka.

Kristaps, al igual que Luka, había sido elegido en una alta posición del draft. Los Knicks lo eligieron en cuarta posición en el año 2015 y cuajó dos primeras temporadas a un nivel altísimo, convirtiéndose en el jugador referencia de los de Nueva York hasta la triste tarde del 28 de febrero del 2018, en un partido contra los Milwaukee Bucks. Fue entonces, después de aterrizar de un mate que acababa de hacer en la cara del mismísimo Giannis Antetokounmpo, cuando se lesionó de gravedad en la rodilla izquierda.

A Kristaps le quedaban todavía meses de recuperación, y la incertidumbre de saber qué nivel alcanzaría tras una lesión tan seria. Cuando los asistentes de Cuban le dieron el nombre del unicornio letón, el propietario de la franquicia hizo una observación:

—Fichar a Porzingis es como lanzar una moneda al aire.

Una de sus asistentes tomó la palabra.

—Mark, ¿puedo decir una cosa?

—Adelante, Tanisha.

—Yo... No estoy del todo de acuerdo. Esta clase de lesiones ahora se pueden recuperar perfectamente. Por suerte, los directivos de los Knicks no se fían y prefieren a jugadores sanos, así que están dispuestos a hacer un intercambio por poco. Podemos conseguir a un jugador de nivel All Star a cambio de uno o dos jugadores de rotación.

—Pero son jugadores sanos —dijo otro.

—Pero no marcan la diferencia —dijo Tanisha—. Yo voto porque tengamos paciencia. Con el tiempo, saldremos ganando. Podemos fichar a Porzingis y esperar a que se recupere. La temporada que viene tendremos a Luka con un año de experiencia en la liga y a un unicornio a su lado para que vuele muy, muy alto.

—¡Eso es! ¡Esa idea me gusta! ¡Me gusta mucho! —gritó Mark Cuban, y luego saltó de su asiento—. ¡Manos a la obra, pues, tenemos un anillo que conquistar!

LOS GUARDIANES DE SUS SUEÑOS DE INFANCIA

Luka había escalado tan rápido la montaña de sus sueños infantiles que le dio tiempo a conocer a sus guardianes, aquellos que decoraban las paredes de su habitación en Liubliana. Le dio tiempo a aprender de ellos, por ejemplo de Dirk Nowitzki, el primer unicornio. Lo recordaba perfectamente, lanzando en suspensión en el póster que tenía colgado debajo de la repisa donde colocaba los libros del colegio. De aquello hacía menos de diez años y, ahora, era el alumno aventajado de su último año de cátedra.

A Luka le había dado tiempo de poner contra las cuerdas a otros de los guardianes de sus antiguos sueños, como LeBron James. Compañeros, rivales, entrenadores, comentaristas y analistas tenían siempre un momento para hablar de Luka Dončić y hacerse la misma pregunta: ¿Era el rookie ya un All Star? En Eslovenia se felicitaban por las proezas de su estrella, en España se preguntaban cuál sería su límite, en Estados Unidos no se lo acababan de creer. ¿De dónde había salido?

Sus números en los primeros meses de competición no eran propios de un novato. ¡Eran números de All Star! Su estilo, divertido e imprevisible, enganchó a los seguidores de la NBA de todo el planeta, que votaron masivamente por su participación en el Partido de las Estrellas. Su rostro empezó a ser popular internacionalmente, y su estilo era analizado al detalle. El propio LeBron lo mencionaba entre los jugadores de la liga con los que le gustaría compartir equipo; Paul George declaró: «Va a dar miedo cuando empiece a llegar a su plenitud», consciente de que el chico acababa de cumplir los veinte; Paul Pierce, legendario campeón con los Celtics, afirmó que era el jugador más talentoso de la competición: «Por encima de todos los demás», sentenció tajante. Kevin Durant encontró una explicación: «Lleva años jugando contra adultos, por eso no sufre como un rookie. Porque no es un rookie».

Sin embargo, pese a todo, los entrenadores titulares del All Star decidieron que Luka debía esperar, al menos, un año más. El esloveno, no obstante, participó en el partido telonero, que enfrentaba a dos equipos de jugadores de primer y segundo año de Estados Unidos contra el resto del mundo. Uno de los aperitivos del fin de semana de las estrellas, celebrado aquel año en Charlotte.

El ruido que hubo a su alrededor durante aquellos días de fiesta, el trasiego de eventos, fans, luces, gente yendo de un lado para otro, la dimensión de todo aquello sostenida durante tres días seguidos, llevó a Luka a recordar aquellas jornadas en el hotel Sheraton de Nueva Jersey, que entonces parecían tan lejanas: la NBA era más de lo que entonces se podría imaginar. Era más grande, más importante, más famosa, más todo. Era algo que te podía engullir, como una enorme ballena blanca. Algunos de los jugadores que saltaron a la pista en aquel partido de jugadores de primer y segundo año acabarían sus carreras en el Salón de la Fama y otros en la Liga de Desarrollo, pero sus historias aún no estaban escritas. Esas historias se escribirían día a día, en cada partido, bajo la atenta mirada de millones de ojos. Algunos serán unicornios, otros serán aves carroñeras de minutos de la basura, otros serán perros de presa. Quizá alguno se convierta en la nueva Mamba Negra.

La segunda mitad de la temporada regular, después del parón del All Star, continuó la tónica de la primera mitad de la competición: Luka siguió siendo el faro de Dallas y terminó la temporada con una media de 21 puntos, 6 asistencias y casi 8 rebotes por partido. Había cosechado ocho triples dobles y había sido nombrado mejor rookie de la Conferencia Oeste durante la mayoría de los meses de competición. Pudo además asistir en directo a la despedida de Dirk Nowitzki. Fue en un partido contra los también texanos San Antonio Spurs, uno de los enemigos íntimos de los Mavericks. Ese viejo unicornio bailó por última vez en la jungla de parqué entre defensores kamikazes y asesinos de sangre fría. Su última cosecha fueron 20 puntos y 10 rebotes en 31 minutos. Eficacia alemana garantizada desde hacía más de veinte años.

Cuando, una vez finalizada la temporada regular, Luka fue nombrado oficialmente el mejor novato del año, nadie se sorprendió. Trae Young, que quedó en segunda posición, había explotado en la segunda mitad de la competición, pero Luka había sido una estrella desde el principio, como solo unos pocos lo habían conseguido a lo largo de la larga historia de la NBA. Dončić, ya no tan niño, agradeció el premio, pero no llenó con ello el vacío de no haber podido competir.

Llevaba días viendo los playoffs por televisión. Su equipo no había logrado clasificarse entre los ocho primeros de su conferencia para disputar las eliminatorias finales, pese a los incontables esfuerzos de Luka por arañar puntos y victorias. La triste verdad era que Dallas, en aquel momento, todavía no tenía un equipo ganador. Todos los ojos estaban puestos en la temporada siguiente, que prometía ser mucho más feliz con Kristaps Porzingis como segundo hombre, pero Luka no disfrutaba proyectándose en un futuro incierto. Su alimento era la victoria presente.

Luka había jugado cada partido como si fuera una final,

que era la única manera en la que sabía jugar, pero había percibido que, a su alrededor, algunos compañeros habían bajado los brazos demasiado pronto. Se habían hecho demasiado pronto a la idea de que estaban en un equipo perdedor, y eso era algo que Luka no podía entender. No entendía una liga cerrada, sin descenso, sin el vértigo del abismo bajo tus pies. Eso provocaba que los equipos perdedores se dejaran llevar casi hacia la mitad de la temporada. ¿Estaba él en un equipo perdedor? Luka quería pensar que no. Quería pensar que, como todo el mundo le había dicho, todo iba a ir a mejor. Pero la única verdad es que, en aquel momento, sí que lo era. Y entonces se repetía una y otra vez la misma pregunta: ¿hasta cuándo?

Después de subir una foto de agradecimiento en sus redes sociales, en la que aparecía él posando con el magnifico trofeo Eddie Gottlieb al mejor rookie, se mantuvo un rato en silencio, contemplándolo. Junto a él estaba su chica, Ana María. Ella le acarició la cabeza, le dio un beso en la mejilla y le susurró:

—Estoy muy orgullosa de ti.
—Cambiaría este premio por unos playoffs —respondió él, con una media sonrisa.

Ana María entendió que Luka no estaba despreciando el reconocimiento, entendió que lo que empujaba a su chico a decir aquello era su instinto competitivo. Las distinciones individuales no le interesaban si no podía llevar a su equipo a la victoria. Como una cucharadita de azúcar en una bañera de café, ser el mejor novato de la competición endulzaba poco si Dallas no era competitivo. Dirk lo habría entendido. LeBron lo habría entendido.

Kobe lo habría entendido.

LOS DÍAS FELICES

Los Mavericks de la temporada 2019-2020 no se parecían en nada a los de la anterior. Kristaps Porzingis se presentaba al inicio del curso completamente recuperado de su lesión y con la firme intención de ser el secundario que Luka necesitaba. El letón, pese a que acumulaba más experiencia en la liga que el joven esloveno (lo cual podían decir prácticamente todos los compañeros de Luka en los Mavs) era consciente de que el líder del equipo se apellidaba Dončić. Su primer año en la competición, coronado con el premio al mejor rookie del año, le había abierto las puertas de la sala vip de ese ya de por sí exclusivo club que eran los jugadores NBA. Luka era el jugador franquicia.

La conexión entre KP y Luka, ambos formados en España, produjo dividendos desde el primer minuto de competición. Dallas no se bajó en ningún momento de la zona de playoffs y se instaló cómodamente entre las plazas quinta y séptima, y con la octava, la última que se salvaba del corte, a una notable distancia. Dallas era un equipo a tener en cuenta. La doble amenaza que suponía la conexión europea descargaba a Luka de defensas, que ahora dudaban entre hacer ayudas para frenar al esloveno o perseguir de cerca al letón. Dončić rozó la barrera de los 30 puntos por partido durante las primeras semanas de competición y empezó a acumular triples dobles con una facilidad nunca antes vista en la franquicia. Sus aficionados se estaban acostumbrando, como ya lo habían hecho en Madrid, a ver cómo el mago esloveno engullía récords establecidos décadas atrás. Hablar de él, necesariamente, suponía hablar de leyendas históricas en la liga. Y es que esa era, estadísticamente, la dimensión de Luka. Lo decía el frío dato. Los números.

Otra cosa era la manera de conseguir esos números. Porque Luka jugaba como vivía. Una respiración pausada y una sonrisa ante un carrusel infinito de aviones, de hoteles, de ciudades, de rostros cambiantes diciendo las mismas cosas una y otra vez, de gritos de hinchas que te piden un selfie por la calle, de reuniones con hombres con corbata sobre asuntos aburridos, de contratos que leer, de llamadas de amigos y de viejos amigos y de amigos que vagamente recordabas, y de toda esa gente que se acuerda de ti y tú no recuerdas porque eres demasiado joven para todo lo que te ha pasado ya y para toda la gente que ya has conocido. Gente que iba arriba y abajo, con las prisas habituales en el frenético mundo NBA que Luka miraba, con una sonrisa de asombro, desde sus dos metros de altura. Ni un centímetro más. Su cabeza no salía volando con sueños de grandeza ni su ego se hinchaba hasta explotar. Los años en Madrid le habían enseñado a vivir con normalidad entre el ruido, a ser una persona normal cuando todo el mundo se empeña en decirte que no lo eres.

A él le gustaba vivir lento y sentir fuerte. Sobre la cancha, allí donde unos y otros corrían como pollos sin cabeza, a veces, sin saber bien lo que ocurría, Luka se movía despacio, pero sin malgastar movimientos ni energías. Pese a que en su segunda temporada en la liga ya todo el mundo sabía cómo jugaba, nadie había dado con la fórmula para contrarrestar sus cualidades. El dominio del bote y el cuerpo le permitían desplazarse a la velocidad que a él le interesara y no a su defensor, que una y otra vez fracasaba en su intento de quitarle el esférico. Hubo algún comentarista que lo definió como «el jugador lento más rápido de la historia». Cuando fue preguntado por ello en una ocasión, Luka sonrió y definió la situación así:

—Jugaría más rápido si fuera más rápido. Soy lento y tan solo dejo que el juego venga a mí.

Esa era la clave: moverse por la cancha, sentir los impulsos del juego y usarlos a su favor. De todas las partes del cuerpo de Luka Dončić, la clave de su juego estaba, sobre todo, de cejas para arriba. Su imaginación derribaba los sistemas defensivos posesión tras posesión. Sus pases sin mirar y sus driblings sentando a defensores —demostraciones de fundamentos e imaginación— se colaban en los *highlights* semanales entre tapones y mates, exhibiciones de derroche físico del resto de bestias de aquella liga. Su sonrisa, su aspecto de joven californiano y lo divertido que era verlo jugar lo convirtieron en un imán para los aficionados, que lo votaron masivamente para el Partido de las Estrellas que debía celebrarse en febrero del año 2020. Aquella vez no habría ni las dudas ni los remilgos de su año rookie para seleccionarlo. Sus estadísticas en los primeros dos meses de competición estaban entre las de los cuatro o cinco mejores de la liga. Luka, dentro de la sala vip de los jugadores franquicia, se había sentado en la mesa presidencial: aquella donde comían James Harden, Giannis Antetokounmpo y LeBron James.

En menos de una temporada y media en la liga, Luka se había ganado el respeto que a la gran mayoría les costaba años cosechar. Todo el mundo quería jugar contra él, probarle en defensa y provocarle en ataque, intentar minimizarlo. Todo el mundo tenía apuntados en sus agendas los partidos contra los Mavs. En aquellos compases finales de

2019, los días de Luka fueron felices: firmó un contrato multimillonario con Jordan Brand, la marca de ropa de Michael Jordan, confirmó su titularidad en el All Star y firmó triples dobles en la cancha y millones de autógrafos fuera de ella. Luka respiraba con tranquilidad el aire del huracán que le envolvía. Paseaba con normalidad entre lluvias de flashes, saludos y halagos. Todo el mundo tenía algo que decirle a Luka. Todo el mundo quería verlo y ser visto por él.

Seguramente, el momento en que toda esta locura se hizo más evidente fue en el último partido de Dallas aquel feliz año 2019. Se enfrentaban en el Staples Center de Los Ángeles a los temibles Lakers de LeBron. Aquella era una rivalidad nueva pero, a la vez, un clásico instantáneo de las rivalidades NBA: el actual rey se medía contra uno de los candidatos a sucederle. Uno que, además, se le parecía en muchas cosas: ambos medían más o menos lo mismo, ambos eran jugadores que podían hacer daño en cualquier posición y desde cualquier lugar de la cancha, con cualidades de alero pero con alma de base.

El partido estaba por la mitad del tercer cuarto y los Mavericks iban 16 abajo. Luka iba a sacar de banda en acción de ataque cuando, entre el ruido del gentío y de la música del Staples Center, oyó a sus espaldas a alguien que le insultaba en esloveno.

¿Cómo era posible? Una compuerta se abrió automáticamente en su cabeza, un recuerdo escondido en los cajones de su memoria, cuando jugaba al baloncesto en Liubliana y los familiares de los niños del equipo se desahogaban contra el árbitro. Luego recordó que en Madrid decía tacos en esloveno cuando jugaba y no quería que le entendieran, hasta que empezaron a entenderle. Ya en el primer equipo, enseñó algunos tacos en su idioma a Nocioni y a Llull, y también a Anthony Randolph en el loco verano en el que conquistaron el Europeo. Un taco en esloveno en una cancha NBA, en primera fila, justa detrás de Luka, era algo improbable y diferente. Una frase que le habían dicho sin gritos ni estridencias, pero se había hecho oír como si una burbuja de silencio la envolviera y la aislara del ruido reinante en el Staples Center. Luka se volvió para saber quién le había llevado, por un instante, de vuelta a casa.

Era Kobe Bryant.

No podía ser de otra manera. La Mamba Negra era un tipo diferente a los demás. Era uno de los anotadores más letales de todos los tiempos, cinco veces campeón de la NBA, 18 veces All Star y el único jugador en la historia de la liga que, además, había ganado un Oscar de Hollywood. De alguien así no se podía esperar un saludo normal. Luka, sorprendido y emocionado, se giró y estrechó la mano de Kobe, que le citó para verse al final del encuentro. Luka asintió y se volvió hacia el árbitro, que le dio la pelota para sacar de banda y seguir con el juego.

Kobe Bryant había ido a ver el partido con su hija Gianna, que también jugaba a baloncesto y era admiradora de Luka. Tras la finalización del encuentro, justo después de saludar a los jugadores del equipo rival, Luka cumplió con su compromiso y se acercó hasta los asientos de Kobe y Gianna. Se hizo fotografías con ambos y, Kobe, estrechándole la mano, le dijo:

—Eres un grande. Sigue jugando de la misma manera ahora que has cambiado de zapatillas.

Luka se rio, Kobe se rio. Se dieron un abrazo y se despidieron. Kobe se volvió a hablar con Gianna y otros aficionados de los Lakers y Luka enfiló el camino hacia el vestuario sin poder quitarse un pensamiento de la cabeza: «Kobe Bryant ha pensado un saludo para mí. Ha aprendido algo en esloveno para decírmelo. Kobe Bryant ha pensado en mí. Kobe Bryant ha pensado en mí...».

La NBA sonreía. Luka sonreía, Kobe sonreía. Estábamos a finales de 2019 y Luka escribía su bonita historia en la mejor liga del mundo. La NBA vivía momentos de cambio, momentos interesantes. Momentos felices.

Y entonces llegó el año 2020 y todo se desmoronó.

MAMBA 4EVER

La NBA no se detuvo ni un solo día durante el mes de enero de 2020. El ritmo de la liga era frenético, como siempre, y prácticamente nadie tenía tiempo para levantar los ojos y mirar a su alrededor. El mundo comenzó el año hablando de un extraño virus que había aparecido en China. En un primer momento, la noticia fue más o menos ignorada por la NBA, que veían aquello como una curiosidad lejana, o un asunto local con el que debía lidiar el país asiático. Toda la atención estaba puesta en el inminente Partido de las Estrellas que, el día 16 de febrero, iba a enfrentar a los equipos de los dos jugadores más votados, Giannis y LeBron, y en el que iba a hacer su primera aparición el mago esloveno de la eterna sonrisa.

La burbuja de la felicidad explotó en la ciudad de Los

Ángeles la fría y nublada mañana del 26 de enero. La felicidad terminó con un helicóptero cayendo al vacío: Kobe
Bryant había muerto en un vuelo privado en compañía de
su hija Gianna y un grupo de amigos cercanos. Tenía 41
años de edad. Gianna tan solo tenía 13.

Luka recordará durante el resto de su vida el momento
en que se enteró de la noticia. Un mensaje en su teléfono móvil que no parecía real, que parecía una broma de
mal gusto. Luego otro, luego otro. Luka buscó la noticia
en internet y los titulares en los periódicos fueron como
navajazos. Recordará para siempre el primer pensamiento
que tuvo: ¿Es posible que haya muerto en un accidente de
helicóptero? Un accidente así era brutal para cualquiera,
pero algo empujaba a Luka a creer que con alguien como
Kobe no era imposible la hazaña de la supervivencia. Kobe
era algo así como un superhéroe, y no solo para Luka, sino
para todos los jugadores que poblaban la liga, para todos
los aficionados al baloncesto en todo el planeta. Si Super-
man hubiera sobrevivido a algo así, ¿por qué no La Mamba
Negra, que fue capaz de meter 81 puntos en un partido?
Ya, Luka ya sabía que era un pensamiento absurdo, pero
era menos absurdo que imaginarse la ausencia de Kobe
Bryant. Aquello le resultaba imposible. Le era imposible
imaginar el vacío inmenso que dejaba, porque Kobe era la
NBA tanto como el propio logo.

La liga se sumió en el silencio y, durante los días siguientes, los homenajes y las ceremonias en su recuerdo se sucedieron: los hinchas de toda la liga inundaron los alrededores del Staples Center con rosas, cartas y fotografías de Kobe; al inicio de cada partido, los jugadores de todos los equipos dejaban correr el tiempo durante 24 segundos en honor al dorsal que vistió Kobe; incluso la liga quiso homenajear a la Mamba de una manera especial: de ahora en adelante, el trofeo al mejor jugador en el All Star pasaría a llamarse Trofeo Kobe Bryant. Él, cuatro veces ganador de ese galardón y con el récord absoluto de presencias consecutivas en el Partido de las Estrellas, había representado mejor que nadie lo que significaba ser un jugador All Star: la búsqueda constante de la excelencia.

Pocas semanas después llegó el Partido de las Estrellas, celebrado en Chicago. La fiesta anual de la NBA fue un constante homenaje a la Mamba Negra, y los equipos liderados por LeBron y Giannis lucieron los dorsales 24 y 2, los de Kobe Bryant y su hija Gianna. Durante los prolegómenos del partido, el videomarcador del pabellón proyectó un vídeo en recuerdo de Bryant, y la mente de Luka voló hasta el último encuentro con él. Recordó las fotografías que se hizo con Gianna y lo que Kobe le había dicho: «Eres un grande. Sigue jugando de la misma manera». Un vacío súbito en el estómago, como un vértigo. De nuevo, la sensación de que aquello no podía ser verdad. El vídeo en homenaje a Kobe finalizó y el pabellón se vino abajo en la

gigantesca ovación. Llegó el turno de los himnos nacionales. El partido estaba a punto de empezar.

Luka, que había sido uno de los jugadores más votados, salió de titular en el equipo de LeBron, acompañado
de Anthony Davis, Kawhi Leonard y James Harden, jugadores que ya dominaban la NBA cuando él todavía no había
debutado en el Real Madrid. Su sonrisa en los saludos ini-
ciales con los rivales, justo antes del salto inicial, aparecía
en plano corto en la retransmisión de la televisión de pago
eslovena. Su joven compatriota estaba rodeado de los animales más temibles de aquella liga salvaje, y en su mirada
no se veía ningún miedo, solo la ilusión de un niño que amaba aquel juego.

Jernej Smolnikar recordaba perfectamente esa mirada.
Parecía ayer cuando Brezovec se presentó con aquel genio
precoz y le dijo que se ocupara de él. Entonces Luka tenía
ocho años y Smolnikar entrenaba a los niños de doce, y
la expresión de sus ojos era exactamente la misma que
aparecía en televisión. No tenía miedo. Nunca lo había tenido. Eran altas horas de la madrugada del lunes en Eslovenia, pero el primer entrenador de Luka no quería perderse
el debut en el Partido de las Estrellas de su mejor pupilo.
Como tampoco se lo quisieron perder Goran ni Zoran ni
Nocioni ni Llull ni Laso, ni muchos otros nombres que se
habían aparecido tan a menudo en las páginas pasadas de
su leyenda. Aquellos rostros que el mago esloveno todavía

recordaba, pese a todo lo que estaba viviendo. Cientos de millones de personas observaban desde sus casas el inicio de aquel partido con tintes históricos, el primer All Star después de Kobe Bryant.

Joel Embiid y Anthony Davis disputaron el salto inicial de un encuentro que terminó 155-157 para el equipo de LeBron, para el equipo de Luka. Un marcador escandalosamente alto y terriblemente ajustado, que denotaba lo que había sido: un partido trepidante, jugado a un ritmo vertiginoso. Un encuentro donde todos los jugadores se vaciaron para rendir el mayor homenaje posible a uno de los mejores anotadores de la historia. Un partido inolvidable, eterno, como eterno es el recuerdo de Kobe.

EL MUNDO
EN UNA BURBUJA

E ra una tarde de finales de junio en Dallas. El cielo, limpio de cualquier nube, irradiaba un azul intenso. El sol lamía con su lengua de calor el cuerpo de Ana María, tumbada sobre un colchón hinchable que flotaba en la piscina. Luka estaba sentado en el césped, a unos metros de su chica, leyendo un libro. Sus perros, Hugo y Gia, correteaban a su alrededor, jugando. Sonó un teléfono móvil. Luka se levantó y acudió a responder a la llamada, que provenía del interior de la casa. Los perros le acompañaron.

—¿Sí? —dijo Luka al descolgar el teléfono.
—Ya tenemos fecha de regreso. Volvemos el 31 de julio —dijo la voz, al otro lado de la línea telefónica.

Aquella era la primera buena noticia que recibía Luka en meses. De hecho, seguramente era la primera buena noticia de aquel maldito 2020.

La muerte de Kobe había resultado ser tan solo el primer capítulo de un año que parecía haber sido escrito por el más perverso de los guionistas. El virus que había aparecido en China, con la facilidad que su naturaleza tóxica le confería, traspasó las fronteras del país asiático y se convirtió en un asunto internacional. Miles de personas se infectaban cada día en diferentes países de Asia, Europa y África. Sin distinción de edades, géneros o condiciones, el virus se propagaba por los cuerpos, los deshidrataba, consumía pulmones como si fueran cerillas, los vaciaba de todo rastro de vitalidad. Y nadie tenía la cura. No existía tampoco la vacuna para aquel maldito virus cuyo nombre ahora todo el planeta conocía. Los hospitales colapsaban, con los pasillos abarrotados de pacientes infectados esperando un tratamiento o un bálsamo que nadie conocía. Nadie estaba preparado para aquello, nadie lo había querido ver venir. El virus pasó de pacientes a sanitarios, y de estos a sus familiares, en una oleada imparable. Luka recibía las noticias desde España e Italia, donde se planteaban seguir los pasos del gobierno chino y confinar a la población. En aquel momento, a mediados de marzo, el gobierno norteamericano seguía haciendo oídos sordos a aquella horrible situación sanitaria. El virus todavía no era un problema en los Estados Unidos, o eso creían. A los infectados que ya había en el país se les consideraba casos puntuales. La vida, allí, seguía su curso normal. La NBA continuaba como si nada.

Hasta que se contagió Rudy Gobert, el pívot de los Utah Jazz.

El virus, aquel asunto que solo dos meses atrás era un problema local en una remota ciudad de China, ya afectaba a todo el planeta, incluso al mismísimo corazón de la NBA. El contagio de Gobert supuso la suspensión del partido que debían jugar los Jazz aquella noche de marzo y, por efecto dominó, la suspensión del resto de partidos de la jornada. Gobert había jugado un partido el día antes de dar positivo en las pruebas de detección del virus, y se sospechaba que podía haber contagiado a cualquiera de sus compañeros o a sus rivales, y estos a terceros y así sucesivamente. La oleada imparable del virus había destrozado los muros de contención de la mejor liga de baloncesto del planeta.

El 11 de marzo se declaró la pandemia mundial. Los dirigentes de la liga decidieron el confinamiento de sus jugadores antes incluso de que lo demandara la Casa Blanca a toda la ciudadanía. Por primera vez en toda la historia, se suspendía de forma indefinida una temporada de la NBA.

Luka se vio encerrado en su casa. Podría decirse que no estaba mal: la casa era amplia y muy luminosa, y tenía un gran césped con piscina. Vivía en la compañía de su amada Ana María y sus adorables perros. El clima en Dallas era agradable. Tenía Netflix en casa. Tenía tiempo para leer, para jugar a videojuegos, para pensar.

O sea, que se aburría como una ostra.

Se pasaba el día enganchado al teléfono móvil. Leía publicaciones en Twitter, y en Instagram. Daba al like a comentarios de otros animales enjaulados y aburridos como él. LeBron James expresó así su sentir en una de sus redes sociales:

> *Tío, estamos cancelando eventos deportivos, escuelas, trabajos de oficina, etc. ¡Lo que realmente debemos cancelar es el 2020! Maldita sea, han sido tres meses difíciles. Dios os bendiga y permaneced a salvo.*
>
> *@KingJames*

Luka, igual que LeBron, necesitaba competir. Necesitaba jugar. Pero no había liga, y ni siquiera podía quitarse el gusanillo jugando un partido amistoso con unos amigos, porque ahora eso estaba terminantemente prohibido. De un día para otro, todo el mundo había pasado a ser sospechoso, todo el mundo, aunque no lo supiera, era susceptible de resultar letal. Finalmente, el gobierno estadounidense impuso el estado de alarma. El planeta entero se bunkerizó, y cada unidad familiar se encerró en sí misma como si fuera una burbuja. Pasaron los días, abril se deslizó por el cielo y todo el mundo lo vio pasar desde sus ventanas. Mayo transitó pesadamente, con el ánimo de quien está cansado de esperar. Luka se entretenía entrenando en solitario y pensando en cómo mejorar los aspectos en que su equipo había fallado durante la temporada: los Mavericks habían sido el peor equipo de toda la liga en el *clutch time*, los minutos finales de cada partido. En esos momentos trascendentales, con una distancia de menos de cinco puntos arriba o abajo en el marcador, los Mavs habían sido un equipo errático, y Luka no había sabido estar a la altura de lo que él, como líder, quería ser. Había compartido vestuario muchos años con Sergi Llull y sabía que él aún tenía que mejorar. Llull dominaba los momentos finales con maestría y afrontaba los últimos lanzamientos del partido con una seguridad en sí mismo que Luka todavía no había encontrado en la NBA. En ese tiempo de encierro, Dončić volvió a ver algunos partidos antiguos de su amado Real. Vio, entre otros, el partido de la mandarina de Llull contra el Valencia. Recordó la vibración de aquel momento, el silencio en la Fonteta tras ese triple estratosférico. La Mandarina con M Mayúscula.

Luka echaba de menos la adrenalina. Llevaba más de un mes encerrado y empezaba a desesperarse.

El año continuó su relato por la senda del sinsentido. A finales de mayo, como si de un virus se tratara, un vídeo se propagó por los teléfonos móviles de millones de ciudadanos estadounidenses y del resto del globo terráqueo: en él se veía a un grupo de policías de raza blanca inmovilizando a un ciudadano de raza negra. Este, llamado George Floyd, está postrado bocabajo contra el asfalto. Uno de los policías le sujeta los brazos detrás de la espalda. Otro tiene el peso de todo su cuerpo apoyado sobre su rodilla, que descansa sobre el cuello de George Floyd. Sometido y sin mostrar resistencia, Floyd dice a duras penas que no puede respirar, pero el policía se mantiene con la rodilla hincada en su cuello. A su alrededor, algunos transeúntes les dicen a los policías: «Dejad al hombre, no puede respirar. Dejadlo en paz, no está haciendo nada malo». Los policías hablan con alguien al otro lado de su *walkie talkie*, como esperando una instrucción que nadie ha pedido. Dejan pasar el tiempo, el peso de un blanco armado sobre la tráquea de un negro indefenso. Los transeúntes graban la terrible escena con sus móviles mientras George intenta en vano agitarse y susurra que no puede respirar. Pasan ocho minutos y el policía no aparta su rodilla del cuello de George Floyd, que finalmente muere asfixiado.

Ese vídeo fue la gota que colmó el vaso de millones de ciudadanos, que salieron a las calles a protestar contra la brutalidad policial sistémica sobre los afroamericanos.

Cientos de miles de hombres y mujeres se reunieron en manifestaciones masivas por todos los rincones de los Estados Unidos. El estado de alarma por el virus aún no había acabado, y los policías usaron esa excusa para cargar contra los manifestantes. Pero aquella vez no iban a detenerse, pues en ese acto reivindicativo estaban luchando contra otra clase de virus: el racismo. Se habían cansado de ser siempre vistos como los culpables, cuando en realidad ellos eran las víctimas de un sistema que los marginaba a la pobreza y al rechazo. Se habían cansado de sentirse indefensos, de sentir que el país que ellos amaban no les amaba a ellos.

Muchos jugadores de la NBA se hicieron esta clase de preguntas: ¿Para qué queremos volver a competir? ¿Para entretener a estos hombres blancos que luego nos desprecian? El debate en torno a cuál debía ser la postura de la liga fue largo e intenso y, mientras, los fuegos no se apagaban en las calles y las urgencias no disminuían en los hospitales.

Llegó junio, y la NBA fijó una posible vuelta a las canchas, si el virus lo permitía y, sobre todo, si los jugadores afroamericanos, cansados del maltrato racial, accedían a volver a la competición.

—Volvemos el 31 de julio —le había dicho la voz a Luka, al otro lado de la línea telefónica—.Para entonces, la liga prevé que se habrá controlado la propagación del virus.

—¿Y cómo vamos a competir? —preguntó Luka.

La respuesta, en cualquier otro momento de la historia, habría parecido un chiste. Pero era el año 2020, el año del sinsentido, y a Luka la respuesta le pareció la más normal del mundo:

—Vamos a jugar en una burbuja.

ESTE NO ES
EL ÚLTIMO CAPÍTULO

La vuelta de la NBA había fijado una fecha de regreso, el 31 de julio, y tenía también un lugar establecido: el mundo mágico de Disney World, en Orlando. Cinco hoteles, tres estadios deportivos y hasta doce pistas de baloncesto. Salas de juegos, piscinas, pistas de golf y lagos para pescar. Todas las formas posibles de pasar el rato sin salir de un *resort* estaban allí, en aquella sede única donde se iban a concentrar todos los equipos que ya tenían plaza en playoffs y aquellos pocos que aún tenían opciones matemáticas de entrar cuando se suspendió la temporada.

La liga se iba a encerrar en su propia burbuja, de la que nadie podía salir hasta que fuera eliminado de la competición. El reto para todos los jugadores allí encerrados sería doble: cuanto mejor les fuera en lo deportivo y más tiempo permanecieran en la competición, más tiempo iban a estar alejados de sus familiares y seres queridos, de su libertad al fin y al cabo. El anillo no sería jaleado por un pabellón atronando con el aliento de miles de aficionados, no sería celebrado por calles abarrotadas por simpatizantes y vecinos, que celebrarían como triples los brindis lanzados al sol desde algún autobús descapotable. La promesa del anillo, aquella temporada, parecía brillar menos que en las anteriores. Y, sin embargo, seguramente iba a ser el más difícil de ganar de todos los disputados hasta la fecha, el que más dureza mental iba a exigir a todos los que soñaban con conseguirlo.

La ola del virus había llegado a Estados Unidos, impactando de lleno en Nueva York. La ciudad que nunca duerme, puro motor de vida y de intercambios, se confinó de forma estricta durante meses. Muchos otros estados, viendo que sus hospitales empezaban a no dar abasto, siguieron el camino de Nueva York, que había sido a fin de cuentas el mismo que había tomado la propia NBA desde el contagio de Rudy Gobert.

Llegó el 31 de julio. Para entonces, las medidas tomadas por las diferentes administraciones habían empezado a dar sus resultados en el control de la pandemia, y la NBA había trazado un plan de contención sin fisuras para que el dichoso virus no pudiera colarse en la burbuja de Disney World. Adam Silver, el comisionado de la liga, quería que la NBA fuera un ejemplo a seguir, un motor de cambio positivo en la sociedad, y centró la vuelta de la competición en dos ideas fundamentales: la primera era que volver a competir, aun sin público en las gradas, era un primer paso hacia la vuelta a la normalidad; la segunda, la más importante quizá, era que volver a competir suponía volver a tener el foco mediático, volver a darle la voz y la palabra a los jugadores que integraban la liga. Y en aquel momento había mucha gente que tenía muchas cosas que decir.

El asesinato de George Floyd había sacudido los corazones de las estrellas, y no iban a competir ante nadie, ni entretener a nadie, sin antes dejar claro su mensaje: Black Lives Matter.

El partido inaugural de la burbuja fue un Pelicans-Jazz. Luka lo vio junto a otros jugadores de los Mavericks, en la televisión de la sala de estar del hotel donde les habían encerrado. La primera canasta de aquel primer partido fue, cosas del destino, del propio Rudy Gobert. Su bandeja para conseguir el 2-0 inicial estaba cargada de simbolismo. El mismo hombre que había dado lugar a la cancelación de la temporada fue el encargado de anotar la primera canasta de su reanudación.

Luka estaba ansioso porque llegara el día siguiente, el día de su vuelta a la competición. Al día siguiente, los Dallas jugarían contra los Houston Rockets. Los Rockets eran el cuarto clasificado de la Conferencia Oeste, posición que habían ocupado prácticamente durante toda la temporada. Los Mavericks habían tenido una plácida temporada regular, instalados en la séptima posición y lejos del octavo y último puesto de playoffs, que era el único que estaba todavía en disputa. De modo que sería un partido sin nada en juego, pero que todos esperaban con ansia. Sentado junto a Luka en el sofá estaba su compañero Tim Hardaway Jr., que le dio un codazo para que se fijara en un detalle del pabellón donde se jugaba el partido inaugural: alrededor de la cancha, a falta de público, habían instalado unas enormes pantallas donde se veían a cientos de aficionados de todo el mundo, conectados desde sus teléfonos móviles: una hinchada digital. La NBA había dado un salto al futuro, como previendo algo que, quizá, será la norma en una sociedad no tan lejana. Una sociedad que aquel año escribía una de sus páginas más tristes.

Y, dentro de ese relato general, están los relatos de todos nosotros. Historias de gente normal, de gente que va a ver partidos de baloncesto o va al cine o se lee un libro o ve alguna serie de televisión o queda con amigos. Historias de gente que se aburre, de gente imperfecta que aprende cosas imperfectas, de gente que tiene amigos que casi no recuerda, que tiene maestros de vida y de profesión. De gente como tú o como yo, o como Luka. Un chico normal, que, en su caso, pisa a diario el sendero de las leyendas. La suya había empezado hacía poco más de diez años, en los tiempos muertos de los partidos del Olimpia de Liubliana, y ahora se emitía en directo para miles de millones de personas en todo el planeta.

—¡Ya empieza! —dijo Zoran.

Goran y su novia, una chica llamada Anja, salieron de la habitación del primero. Eran altas horas de la madrugada en Eslovenia, y los tres estaban en el apartamento que ambos amigos compartían desde hacía algo más de un año. Era el tercer partido de la jornada que veía el espigado excompañero de Luka. Aquel 2020 había NBA en agosto, lo cual era una oportunidad irrepetible para zambullirse de lleno en la realidad de aquella liga tan lejana.

—¡Seguro que se cargan a los Rockets! —dijo Goran en cuanto se sentó en el sofá junto a su buen amigo Zoran.

—¿Son malos, los Rockets? —preguntó Anja, que no estaba muy al día en la actualidad de la liga.

—No, es uno de los mejores equipos de la liga —dijo Zoran—. Además, en él juegan dos tipos que han sido nombrados los jugadores más valiosos de la liga en temporadas pasadas.

—Uy, pues entonces vuestro amigo lo tiene muy difícil, ¿no? —observó Anja.

Goran miró a su pareja de hito en hito. Reducir a Luka a la categoría de «vuestro amigo» le parecía ofensivo, pero no sabía bien por qué. Se limitó a darle su respuesta por defecto.

—Tú apuesta por lo que quieras, pero yo siempre voy a apostar por Luka.

El partido contra los Rockets, pese a los augurios de Goran, terminó en derrota para los Mavericks. Luka había nadado hasta ahogarse en la orilla después de una actuación descomunal: un triple doble de 28 puntos, 13 rebotes y 10 asistencias.

Los números del esloveno en aquel primer partido ya no sorprendieron a nadie. Sin embargo, Luka aún tenía algo para los pocos escépticos que quedaran: 40 puntos, 8 rebotes y 11 asistencias contra los Suns en el segundo partido. 34, 20, 12 contra los Kings al día siguiente. 29 puntos contra los Clippers tres días después. 36,14,19 contra Bucks y así sucesivamente. En cada partido, Luka bordeó la frontera del triple doble, que a menudo pisaba. Los números de Luka Dončić eran, sin ninguna discusión, de los mejores de la NBA. Ya lo habían sido antes, cuando la liga todavía era ajena al virus, y lo estaban siendo entonces, en la burbuja de Orlando. Sin embargo, la gran satisfacción de Luka radicaba en ver cómo habían mejorado los números de su equipo en el *clutch time*. Los partidos con finales apretados, normalmente esquivos para los Mavericks, empezaron a caer del lado de los texanos.

Unos cuantos años atrás, cuando todavía la NBA parecía lejana, un entonces adolescente Luka había definido lo que para él era un líder: «Un líder tiene que tener la tranquilidad que se necesita en los finales de partido para llevar el equipo a la victoria. En esos momentos es cuando hay que ser más fuertes». Aquellas declaraciones las hizo con Sergi Llull en la cabeza, cuyas actuaciones en algunos momentos decisivos con la camiseta blanca aún podía recordar con extrema nitidez. De todo lo que, según su inconformista espíritu, aún tenía que mejorar, lo que más le obsesionaba era la toma de decisiones y el acierto de su equipo en los instantes finales y sobre la bocina. En aquella burbuja los vientos empezaron a soplar a favor de los Mavericks y, con ello, Luka empezó a ser decisivo en uno de los pocos aspectos del juego en los que no lo había sido hasta entonces.

Terminó la temporada regular, y los equipos que finalmente no se pudieron clasificar entre los ocho primeros de cada conferencia se fueron de la burbuja. El regusto era agridulce: la derrota entraba mejor cuando traía con ella la libertad. Luka ansiaba esa misma libertad, como cualquiera de sus compañeros, pero no quería despedirse de sus opciones de ganar el anillo de campeón hasta que no hubiera más remedio. Se había pasado meses encerrado como un animal cautivo, y al fuego de su baloncesto aún le quedaba mucha mecha.

El emparejamiento en la primera ronda iba a ser con Los Ángeles Clippers, que se habían clasificado como segundos en el Oeste y que, según casi todos los expertos, eran los grandes favoritos a ganar el anillo de campeón. ¿El motivo? La acumulación de talento: los Clippers ya eran un equipo sólido desde hacía unos cuantos años, pero para aquella temporada habían conseguido reclutar a dos superestrellas de la liga como Paul George y sobre todo Kawhi Leonard, que venía de ser el mejor jugador del equipo campeón —Toronto Raptors— la temporada pasada. Los Clippers eran una amenaza constante en ataque y un insoportable dolor de muelas en defensa y, con una plantilla profunda y experimentada, prometían dar su mejor versión en los playoffs. Enfrente, los chicos de Luka parecían corderillos inofensivos. Prácticamente ninguno de sus jugadores tenía experiencia en eliminatorias directas, menos el joven Luka. Su periplo en Europa, años de Copas del Rey, playoffs ACB,

SU NOMBRE ES LUKA

Final Fours de Euroliga y Eurobasket incluidos, habían resultado ser la mejor preparación posible para aquel nuevo desafío. Y es que Kevin Durant tenía razón: Luka hacía mucho tiempo que había dejado de ser un novato. Incluso antes de estrenarse en la NBA.

El resultado de todo esto fue una eliminatoria al mejor de siete partidos que, para sorpresa de muchos, se alargó hasta el sexto. Los Mavericks consiguieron arañar dos victorias inesperadas y Luka, en su primera participación en unos playoffs de la NBA, registró estadísticas que no se habían visto nunca antes en un jugador de su edad: el partido que no conseguía un triple doble se iba a más de treinta puntos, cuando no ocurrían ambas cosas. Los jugadores de los Clippers, animales peligrosos y mortíferos, veían cómo aquel rubio extranjero con aspecto de surfista californiano hacía sobre la cancha lo que venía haciendo desde que pisó una por primera vez: magia. Todos sus sistemas defensivos pasaban por la idea de minimizar el poder destructivo de Luka, que se escurría una y otra vez para encontrar al hombre mejor posicionado, o el hueco perfecto desde el que lanzar. En vista de que por lo civil era imposible acabar con él, y como los playoffs no eran el lugar para la cortesía, los chicos de los Clippers decidieron tomar la vía de lo criminal. Patadas, arañazos, pisotones, empujones e insultos pasaron a formar parte del trato habitual de los angelinos hacia el esloveno, que terminaba los partidos herido y cojeando, pero con unas estadísticas sencillamente monstruosas.

El último partido que consiguieron ganar, que se fue hasta una prórroga y que puso el 2 a 2 en la eliminatoria, fue una demostración de la dimensión real de Luka: con el partido 2 puntos abajo y a falta de 3,7 segundos para el final, los Mavericks sacaron de banda entregándole el balón a Luka, que en un visto y no visto se zafó de su defensor con un dribling y un *stepback* marca de la casa y anotó el triple de la victoria sobre la bocina. Los jugadores texanos se lanzaron como posesos hacia Luka para celebrar la victoria. Pura emoción. Luka había conseguido su primera mandarina histórica en la NBA, además de 17 rebotes, 13 asistencias y 43 puntos. Luka, sobre todo, había llevado a su equipo a la victoria en los minutos decisivos. Había sido el líder que quería ser.

Finalmente, la ley del más fuerte se impuso y los Clippers avanzaron hacia la siguiente ronda. Los Mavericks aún tienen un camino por recorrer hasta convertirse en serios candidatos al título, pero sin duda van por la buena senda: tienen un proyecto deportivo que gira alrededor de uno de los mejores jugadores de la competición. Poco a poco irán llegando jugadores interesados en compartir equipo con el mago esloveno, sabedores de que su juego les hará mejores. Tarde o temprano los Mavericks pasarán de ser un equipo de playoffs a un contendiente serio, y Luka pasará de ser una estrella de la liga a un jugador dominador. Es cuestión de tiempo, pero ¿cuánto?

Poco después de la eliminación de Dallas, la NBA empezó a dar a conocer los galardones individuales de aquella extrañísima temporada: un día se anunció el quinteto de rookies, poco después el rookie del año, luego el jugador más mejorado, el mejor defensor, el mejor jugador y, finalmente, cuando las eliminatorias por el anillo ya habían avanzado hasta finales de conferencia, se dio a conocer el quinteto ideal. A efectos prácticos, ese equipo integraba a los cinco animales más peligrosos en la jungla NBA, la superélite mundial. El equipo estaba conformado por Anthony Davis, el pívot de los Lakers que, junto a LeBron James, había aupado a los californianos a la mejor marca en el Oeste; el propio LeBron, en su enésima demostración de ser un jugador total; James Harden, uno de los talentos ofensivos más letales de la historia; Giannis Antetokounmpo, el físico más dominante de la NBA, y, por último, el niño que nunca había sido un rookie, el jugador con más talento de la liga «de largo» según Paul Pierce, el hombre franquicia de Dallas, el amigo de Goran y Zoran, el discípulo de Pablo, el novio de Ana María, el hijo de Saša y Mirjam. El jugador lento más rápido del mundo. El niño maravilla. El mago esloveno. Llámalo como quieras, usa el apodo legendario que más te guste para referirte a este chico de sonrisa perenne que juega al baloncesto como si estuviera

soñando. El mismo que, no hacía tanto, maravillaba en los descansos de los partidos del Olimpia de Liubliana, cuando los niños de la cantera salían al parqué a pelotear y lanzar unas canastas.

—Oye, mira, mira a aquel niño. No te pierdas eso —se decían los aficionados del Olimpia, dándose codazos unos a otros mientras Luka hipnotizaba a todos con su juego.

—¿De dónde ha salido? —preguntaban unos.

—¿Y cómo se llama? —preguntaban otros.

Su nombre es Luka.

CONTINUARÁ...